铁路智能运输组织创新理论与技术系列专著

市场导向动态列车运行图协同编制理论及系统设计

倪少权　张　杰　吕苗苗　陈　伟　著

科学出版社
北　京

内 容 简 介

本书对市场导向动态列车运行图协同编制理论及技术进行了深入的研究，全书主要包括四部分内容。第一部分即第 1 章，提出了市场导向动态规划型铁路货物运输组织模式的内涵，并深入研究了其运输组织方法。第二部分即第 2 章，构建了市场导向动态列车运行图协同编制管理机制，提出了全路列车运行图编制管理中心的职能设置、机构设置方案构想。第三部分包括第 3 章和第 4 章，研究了动态车流协同推算、市场导向动态货物列车开行方案编制、动态变化的列车运行线选线等市场导向动态列车运行图协同编制关键技术。第四部分包括第 5～7 章，研究了市场导向动态列车运行图协同编制系统总体技术方案，对系统需求、系统目标、系统总体架构与体系结构、系统功能进行了设计探讨，并对市场导向动态列车运行图协同编制系统原型进行了简要介绍。

本书适合对铁路货物运输组织，尤其是对铁路列车运行图编制感兴趣的读者阅读。如果想了解铁路货物运输组织方法、列车运行图编制管理机制、车流组织优化及列车运行图编制方面的内容，本书也能提供一些参考。

图书在版编目（CIP）数据

市场导向动态列车运行图协同编制理论及系统设计/倪少权等著. —北京：科学出版社，2019.12

(铁路智能运输组织创新理论与技术系列专著)

ISBN 978-7-03-063525-9

Ⅰ. ①市… Ⅱ. ①倪… Ⅲ. ①列车运行图-编制-研究 Ⅳ. ①U292.4

中国版本图书馆 CIP 数据核字（2019）第 266086 号

责任编辑：华宗琪　朱小刚 / 责任校对：彭珍珍

责任印制：罗　科 / 封面设计：陈　敬

科学出版社 出版

北京东黄城根北街 16 号

邮政编码：100717

http://www.sciencep.com

四川煤田地质制图印刷厂 印刷

科学出版社发行　各地新华书店经销

*

2019 年 12 月第 一 版　开本：720 × 1000　B5

2019 年 12 月第一次印刷　印张：9 3/4

字数：200 000

定价：99.00 元

（如有印装质量问题，我社负责调换）

《铁路智能运输组织创新理论与技术系列专著》编委会

序

列车运行图是铁路运输企业的综合作业计划和行车组织基础。在确保铁路行车安全、充分利用铁路通过能力、有效安排列车运行、适应市场发展、满足市场需求、提高铁路经济和社会效益方面起着极为重要的作用。

传统编制列车运行图方式编图周期过长，使得铁路运输企业难以适应市场变化的需求。随着我国高速铁路成网运营，编图的难度和频度与过去相比不可同日而语，推进智能编图成为铁路运输企业高质量发展的必然选择。西南交通大学倪少权教授团队经过长期的研究，提出了基于分层决策优化列车运行图编制智能解决方案，攻克了计算机编制路网列车运行图的技术难关；建立了列车运行图编制群体协同技术，实现全路联网编制列车运行图的突破；研发了全路列车运行图编制系列化软件，构建了集列车运行图相关作业计划编制于一体的协同工作平台。研究成果支撑了我国铁路列车运行图高效编制和精益管理，实现了以计算机联网、群体协同作业编图方式的变革，大幅压缩了铁路运输企业编图周期。研究成果经多年应用验证完善，对优化列车运行结构、提高列车旅行速度、节省机车车辆投入、适应旅客乘车和货物运输需求、合理安排施工天窗、保障行车安全以及列车运行图信息综合运用等方面均起到了重要作用，社会和经济效益显著，成套技术达到国际一流水平。

目前，我国铁路已迈入普速、高速“双网融合”发展新时代，铁路运输能力进一步得到增强。同时，经济社会快速发展对铁路客货运服务多样化、高品质、时效性提出了更高要求，铁路运输企业将进一步完善运输组织理论和技术，随市场变化进行全链条运输组织创新设计，实现创新突破，满足运输市场动态变化需要，充分发挥铁路“大动脉”系统功能。

本书提出了动态规划型运输组织方法，探讨了列车运行图动态编制管理机制，研究了动态车流协同推算、货物列车动态开行方案编制、列车运行线动态选线等关键技术，研究了列车运行图动态编制总体技术方案，并对系统原型进行了总体设计。本书提出的列车运行图动态编制理论、技术与方法，有助于从根本上提升铁路适应市场动态变化的能力，支撑铁路运营实现从生产型向服务型的战略转变，对铁路运输组织具有重大理论创新和实际参考指导作用。

本书出版将为众多的运输工作者提供铁路运输组织创新思路和方向。希望编委和著者们再接再厉,早日完成铁路智能运输组织创新理论与技术系列专著,为提高铁路运营组织管理水平,为“铁路强国”多做贡献。

欣为之序!

中国工程院副院长、中国工程院院士

中国科学技术协会副主席

前　言

铁路具有运量大、运输成本低、抗干扰能力强等众多优点，目前我国铁路担负着国民经济大动脉的作用，在五个主要交通运输方式中处于主导地位。

长期以来，由于我国铁路运输能力紧张，为最大化利用铁路运输能力，铁路采用组织型行车组织模式，铁路运输组织以调度指挥为主，列车运行图只是辅助性、方向性、轮廓性的技术文件，日常运输生产组织无法按图行车。随着我国社会经济的快速发展，铁路呈现出由运输供给垄断性转变为运输市场竞争性的特征，铁路客货运输服务的多样化、高品质、时效性、安全性等各方面的要求不断增强。铁路传统的运输组织模式难以适应日常动态变化的运输市场需求，铁路货物运输难以实现营销、计划、调度指挥的协同一体化，市场竞争优势逐渐减弱，运输市场占有份额也逐渐下降。

近二十年来，我国铁路建设质量和规模有了长足的发展，截至 2019 年底，我国铁路营业里程达到 13.9 万公里以上，其中高铁 3.5 万公里，居世界第一。可以说，我国铁路已迈入引领世界铁路发展的普速、高速“双网融合”新时代，铁路运输能力紧张状况得到了有效缓解。因此，基于我国社会经济快速发展背景下客货运输市场需求，高速铁路成网条件下铁路路网能力显著提升，信息化、协同化及智能化技术支持的时代气息，为实现铁路运输组织理论与技术创新突破，本书提出市场导向动态规划型铁路运输组织方法，阐述以市场导向动态列车运行图编制为核心的铁路运输组织创新理论，研究提出了全网全程动态列车运行图编制系统总体技术方案，并对系统原型设计进行探讨。本书旨在构建全面、迅速、准确应对市场动态变化的铁路运输组织新机制，从而有助于从根本上提升铁路适应运输市场动态变化的能力，支撑铁路运营实现从生产型向服务型的战略转变，希望对铁路运输组织创新起到指导和参考作用。

本书由西南交通大学交通运输与物流学院倪少权统稿，西南交通大学交通运输与物流学院张杰、吕苗苗、陈伟参与了本书的撰写工作。本书在撰写过程中参考了部分文献，在此向这些文献的作者致以诚挚的谢意。感谢国家重点研发计划课题(2017YFB1200702)、中国铁路总公司科技研究开发计划重大课题（2013X006-A）、京沪高速铁路股份有限公司科研计划重点课题（2015-京沪高速铁路列车运行图编制创新型理论与技术和 2019-京沪高铁“每日一图”编制技术及实施方案研究）的资助。限于作者经验和水平，书中难免存在疏漏或不足之处，恳请各位专家和读者批评指正。

作　者

2019 年 12 月

目　录

第 1 章　市场导向动态规划型铁路货物运输组织理论与方法研究

货物运输组织是铁路运输组织的一项重要内容，是指货物从始发地运输到目的地的过程中，运用的运输组织理念以及相关的组织规则、流程和方法，包括货流组织、车流组织和列流组织等运输组织工作。我国现有的运输组织模式下，货物运输组织工作主要包括货物列车编组计划、列车运行图和日常货物运输工作计划等方面的内容。

按照运输计划和调度指挥的分工不同，可以将运输组织模式分为规划型运输组织模式和组织型运输组织模式。由于我国铁路长期以来运输能力紧张，为了充分满足经济的发展和人民群众的日常出行需求，铁路日常运输调度是在行车组织可行性为前提的基础上实现铁路能力利用最大化，即充分利用铁路线路及各种运输设备能力，提高机车车辆运用效率，完成尽可能多的运输任务。因此，我国现阶段的货物运输组织以日常调度指挥为主，列车运行图与货物列车编组计划只是辅助性、方向性、轮廓性的文件，对日常运输组织工作没有起到实际的指导作用，属于组织型运输组织模式。

目前，我国已进入全面建成小康社会的决胜期，伴随着我国经济社会结构与运行模式的优化调整，我国铁路已迈入引领世界铁路发展的普速、高速“双网融合”新时代，铁路运输能力紧张状况得到了有效缓解，与此同时，社会经济快速发展对铁路客货物运输服务多样化、高品质、时效性的要求不断增强，尽管铁路提出了“前店后场”的战略理念，但铁路运输组织理论和技术没有实现创新突破，不能从根本上满足市场动态变化需要，导致铁路的社会功能发挥不充分。因此，建立全面、迅速、准确应对市场动态变化的铁路运输组织新机制，从根本上提升铁路适应市场动态变化的能力，支撑铁路运营实现从生产型向服务型的战略转变，是铁路运输发展的根本途径。

我国铁路在长期的运营实践中建立了能力限制条件下的运输组织技术方法体系，存在货物运输营销、计划编制、调度指挥协调度不高，货物列车不能严格“按图行车”，无法从根本上满足货物运到期限要求等问题。一方面，既有的铁路货物运输组织灵敏性差，不能根据市场动态变化进行精准化运输组织；另一方面，传统的铁路货物运输主要考虑的是运输效率问题，无暇顾及客户关心的货物运输过程及运到期限问题，随着全球化和现代物流业发展，货物运输需求时效性强，构建基于运到期限的铁路货物运输组织模式，进行全链条创新设计，根据市场变化，基于货物运输的时效性需求，实现动态铁路运输计划编制和精准调度指挥，为客户提供全程货物运输服务，是铁路运输创新发展的必然趋势。因此，研究基于市场导向动态规划型铁路运输组织方法，构建以市场导向动态列车运行图编制为核心的铁路运输组织创新理论，研制开发全网全程动态列车运行图编制系统，是提升铁路运输市场竞争力的关键所在。

1.1 背　　景

1. 我国铁路网建设不断完善

自国务院审核并批准了《中长期铁路网规划》(2004 年)以及修编了《中长期铁路网规划》(2008 年)以来，我国铁路实现了巨大发展。目前，我国铁路网络构架已基本形成，技术装备和行车组织方法已经达到世界先进水平。截至 2019 年底，全国铁路营业里程达到 13.9 万公里，居世界第二位。其中，高铁运营里程达到 3.5 万公里，居世界第一位，占世界高铁总里程的 60%以上。而且，我国铁路仍然处于高速发展时期，《中长期铁路网规划》新的发展目标是：到 2020 年，我国将建成营运里程达 15 万公里的铁路运输网络，高速铁路营运里程 3 万公里，覆盖全国 80%以上的大城市；到 2025 年，将建成 17.5 万公里的铁路营运网络，其中高速铁路 3.8 万公里。届时，全国铁路网络覆盖率将进一步提高，路网结构将进一步优化，主要干线的骨干作用将进一步加强。到 2030 年，我国路网建设基本完成，实现内外互联互通、省会高铁连通、地市快速到达、县域基本覆盖的路网建设格局。

2. 各种运输方式竞争激烈

我国存在多种多样的交通运输方式，其中最主要有五种，分别为铁路运输、水路运输、公路运输、航空运输及管道运输，各种运输方式都有其特有的技术特征，且各有优势。例如，铁路运输的优势在于运量大、成本低、抗干扰能力强等；公路运输的优势在于灵活，方便快捷，可以实现门到门运输；水路运输的优势在于运量和成本；航空运输的优势则体现在快捷性方面。一般来说，铁路运输主要是对大宗货物及长途客流的运输，公路运输主要是对短途货物及旅客的运输，水路运输主要对大宗低值笨重货物的运输，航空运输主要是对高端客货流的运输，管道运输主要是针对气体和液体的运输。但是，随着我国社会的高速发展，各种运输方式运输网络的规划及布局逐渐完善，各种运输方式的技术特征也在相互渗透，从而导致了运输市场的客货流结构在发生变化，铁路运输、公路运输、水路运输、航空运输的竞争越来越激烈。对于铁路运输，特别是对于铁路货物运输，越来越多的货物运输市场被公路运输、航空运输、水路运输等其他运输方式取代。长期以来，铁路的客货物运输量的市场份额一直处于下降趋势，而公路运输则实现了质的飞跃，市场份额较高，导致铁路运输在整个运输市场的竞争力越来越低。

3. 铁路货物运输形势发生改变

在当前的形势下，铁路货物运输的服务理念和服务对象都在发生着改变。一方面，由于货物运输市场竞争激烈，对于铁路货物运输，以往以大宗货物为主体的运输格局应转变为大宗货物与零散高附加值货物并重的局面，既要保障好大宗货物的运输，又要大力发展零散高附加值货物的运输。这就对货物运输计划的编制提出了新的需要。另一方面，随着国家和社会经济的快速发展，客户对铁路货物运输服务质量提出了更高的要求，在新的货物运输形势下，客户迫切关心货物的运到期限等问题。因此，铁路货物运输需要改变计划编制方式，缩短计划编制周期，使编制出的货物运输计划更加切合市场的需求；同时还要注意车流与货流的衔接，日计划与“实货”对接，以动态变化的运输市场需求为导向，实现列车运行图的日常动态编制和调整，做到“按图行车”，提升铁路货物运输效率，保障客户对货物运输质量的要求。

4. 铁路货物运输组织模式不再满足日常动态的货物运输市场需求

目前，尽管我国铁路列车运行图编制与调整日益频繁，但由于客货运输市场需求的多样化及动态变化，铁路客货物运输方案仍然不能满足日常动态变化的铁路客货运输市场需要，尤其是铁路货物运输计划兑现率低，列车运行图对铁路货物运输列车日常运输组织的实际指导意义不大。其主要原因在于，随着我国社会经济的发展，铁路货流的不稳定性与车流的波动性将越来越大，路网每天的装卸车需求往往会随着货物运输市场的需求而不断变化。传统的货物运输组织模式下，货物列车编组计划与列车运行图都是采用单一的、静态的编制模式，对铁路运输市场的日常变化不能快速反应，无法应对货物运输市场的日常动态变化需求，做到“按图行车”。

5. 铁路信息化建设为日常动态车流组织及列车运行图的编制创造了条件

从 20 世纪 60 年代以来，经过几十年的发展，我国铁路信息系统从无到有，取得了巨大的成就。西南交通大学、北京交通大学、中国铁道科学研究院、兰州交通大学、上海铁路局科学技术研究所等众多的高等院校和科研机构都对列车运行图编制系统进行了许多研究工作。先后经历了利用计算机编制双线区段、单线区段、铁路线路列车运行图、全路客车方案图以及枢纽、铁路局、全路客货列车运行图的发展过程，取得了很大的成绩。特别是西南交通大学长期坚持不懈地进行计算机编制铁路列车运行图研究，研制开发了基于群体协同的铁路列车运行图编制系统，取得了计算机编制全路列车运行图的突破；建立了列车运行图编制的网络化协同技术，实现了全路联网编制列车运行图的突破；建立了群体协同工作的列车运行图编制模式，打破了传统个体封闭作业的列车运行图编制模式；提出了基于分层决策和满意度优化的铁路列车运行图编制智能化解决方案；建立了“单双线合一”的计算机自动列车运行图编制技术，攻破了计算机编制路网列车运行图的技术难关；建立了支持群体协同工作的列车运行图编制方式，实现了以计算机联网群体协同列车运行图编制取代传统手工列车运行图编制或单机列车运行图编制的封闭作业的变革，取得了我国铁路计算机列车运行图编制研究及应用的历史性突破，为我国铁路既有线提速和高铁运营提供了技术支撑。此外，我国铁路运输数据传输、交换、通信网络平台基本覆盖国家铁路集团、各铁路局以及其下辖的各个站段，还开发了列车调度指挥控制系统、铁路运输管理信息系统等一系列的信息系统。在这些信息系统的支持下，尤其是铁路运输管理系统在获取车流动态、明确货物运输需求时空分布情况等方面的应用，可以实现对货物运输市场需求信息的采集、货流及车流信息的确认以及车辆追踪，从而可以在一定程度上掌握全路货流及车流信息，预测和推算重空车辆的动态分布，从而进行高效的车流调整，编制出既满足市场日常货物运输需求，又贴合运输生产实际的铁路货物运输计划。

1.2 铁路货物运输市场现状及运输组织方法

1.2.1 铁路货物运输市场现状分析

1. 货物运输量稳定增长，但运能增长率落后于经济增长率

随着我国社会经济的快速发展，铁路建设快速发展。截至 2018 年底，全国铁路营业里程达到 13.1 万公里，居世界第二位，比 2009 年增长了 53%。2018 年，全国铁路货物运输量 40.26 亿吨，货物周转量 28820.55 亿吨·公里，分别比 2009 年增长 20.8%和 14.2%，铁路货物运输量总体呈现增长趋势，但是增速缓慢，特别是近年来我国社会物流量大幅增长的情况下，铁路货物运输量并未实现很大的增长，且呈现波动趋势，铁路货物运输量增长率落后于经济增长率。2009 年至 2018 年铁路货物运输量和铁路货物周转量分别如图 1.1 和图 1.2 所示。

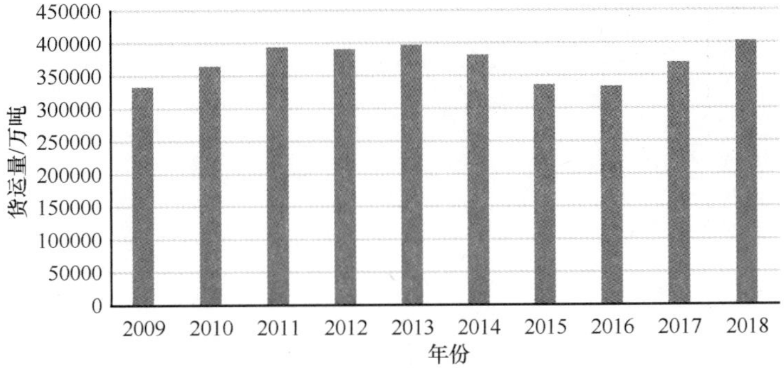

图 1.1　铁路货物运输量

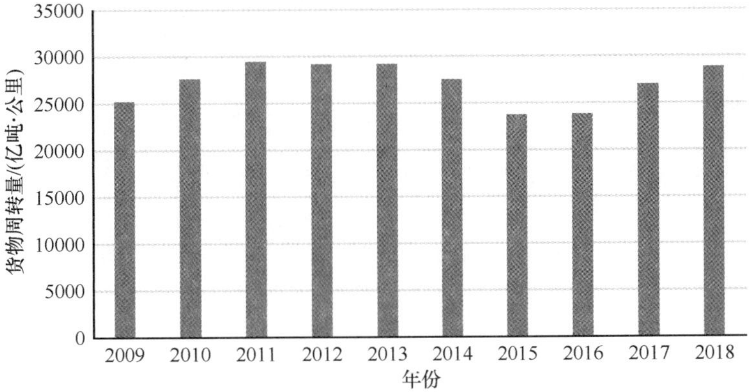

图 1.2　铁路货物周转量

2. 货物运输市场竞争激烈，铁路市场份额逐年减少

随着社会经济发展和产业结构调整，交通运输业全面快速发展，各种交通运输方式之间的竞争也日益激烈，铁路运输市场份额不断下降。从铁路货物运输量来看，从 1980 年到 2015 年，铁路货物运输市场份额由 35.8%下降到 8.0%，下降了近 28 个百分点。与此同时，公路运输与水路运输市场份额则增长较快，公路运输市场份额由 45.8%上升到 75.4%，水路运输市场份额变化不大。1980 年到 2015 年铁路运输、公路运输、水路运输货物运输量市场份额变化情况如图 1.3 所示。

由图 1.3 可以看出，自 1980 年来，我国铁路货物运输量市场份额逐年下降，其主要原因如下。

1) 随着产业结构调整，大宗货物运输量不断减少

目前，我国宏观经济处于由高速增长向中速增长的转换期，产业结构发生了变化。固定资产投资增速放缓，内需持续不振，煤炭、冶金、电力、化工等

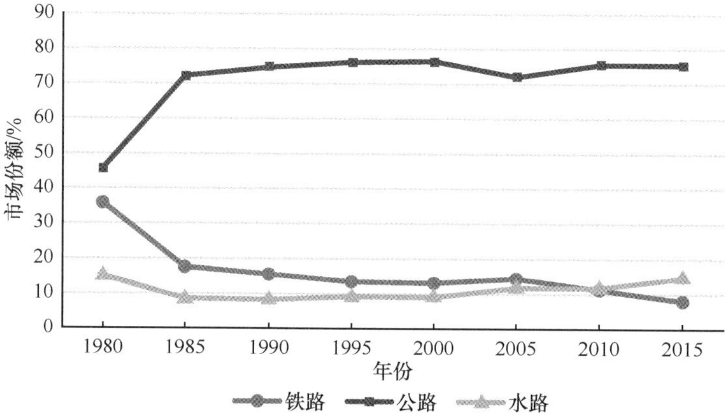

图 1.3 铁路运输、公路运输、水路运输货物运输量市场份额变化情况

主要工业行业增加值的增幅不断下降，煤炭、冶炼物资、钢铁等大宗货物的运输量持续减少。而煤炭、冶炼物资、钢铁等大宗货物一直是我国铁路货物运输的重要货物品类，这些大宗货物运输占据了铁路货物运输 85%以上的运能。大宗货物的减少，直接导致了铁路货物运输市场份额的减少。

2) 铁路时效性差，在不断增长的高附加值货物运输市场不占优势

随着经济发展，高附加值货物的运输量不断增长。行李、包裹、快递等都属于小件高附加值货物，这类货物对运输时效性要求很高，运输竞争主要集中在公路运输、铁路运输和航空运输这三种运输方式上。在中国快递运输市场竞争中，公路运输具有灵活、便捷快速等优势，航空运输具有安全性高、速度快等优势，而铁路运输由于计划性强、时效性差等缺点，在高附加值货物运输市场中的竞争力较为低下。

3) 铁路货物运输服务水平偏低

铁路货物运输服务质量主要受铁路现行的运输组织模式、货物运输技术以及设备水平和市场营销策略几个方面的影响。在铁路现行的运输组织模式方面，我国目前采用的是组织型运输组织模式，这种组织模式运输时效性差、货物运输计划兑现率低、受理及全程运输时间长。目前，铁路货物运输技术设备虽然有一定程度的更新，但技术含量较高的货物运输设备不普及，资源配置结构性问题突出；此外，不能实现资源共享、实时监控，客户只能接受被动的运输服务。

1.2.2 铁路货物运输市场需求分析

1. 货物运输需求类型划分

铁路部门应该重视客户的不同货物运输需求，提高服务意识，最大限度地

满足客户需求。因此，需要了解目前客户货物运输需求类型。

货物运输需求可以根据以下四种情况分类：

(1) 按照货物的运输距离长短，可以分为长途货物运输需求、中途货物运输需求、短途货物运输需求。

(2) 按照货物运输过程的时间要求程度，可以分为普通货物运输需求和时效性货物运输需求。

(3) 按照货物的品类，可以分为大宗货物(石油、煤炭、钢铁等)、小件高附加值货物等货物运输需求。

(4) 按照货源货物运输量大小，可以分为整车货物运输需求、零散货物运输需求[1]。

2. 货物运输需求层次划分

通过对货物运输需求类型以及特征的分析可以看出，不同需求类型的货物在货物运输要求方面存在很大的差异，这也正体现了货物运输需求的多样性。与此同时，可以对不同类型的货物运输需求进行层次细分，针对不同层次的货物运输需求，制定不同层次的货物运输产品，这对货物运输产品的优化布局具有重要意义。

国外铁路一般是公司性质的，主要以营利为核心目的，而在国内，铁路作为国家重要战略基础设施，还肩负着国计民生的重要使命。铁路不仅要承担公益性质的运输，如粮食、救灾和国防物资等货物的运输，同时还要以铁路自身经济效益出发，考虑自身的运输经济效益。根据以上需求特征，可以将货物运输需求细分为三个层次：低端层、中端层和高端层。铁路货物运输需求层次如图 1.4 所示。

1) 低端层

低端层的运输需求是铁路最基础的需求，需要优先考虑满足。低端层的主要运输对象为关系国家经济发展的基础重要物资，如粮食、石油、煤炭、钢铁以及救灾和国防物资，并且低端层的货物运输需求主要分布在经济不是很发达的地区，其他交通运输方式也不发达，以铁路运输为主，为了响应国家的扶贫政策，在低端层，铁路运输部门应尽量降低运输成本，以降低运价。

2) 中端层

在满足低端层运输需求的前提下，铁路运输还需要服务于地方经济发展。中端层的主要运输对象不属于国家战略物资，但对地方经济有影响，仍然为需求量较大的货物运输。该层次的运输需求对运输服务水平要求不高，铁路运输部门要尽量降低运输成本，实现运输效益最大化。

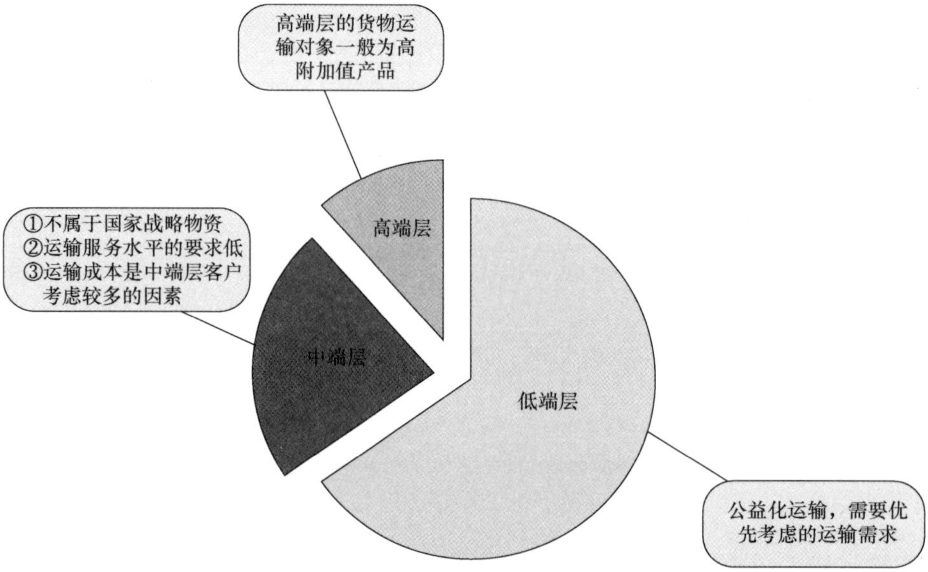

图 1.4　铁路货物运输需求层次

3) 高端层

高端层中，又可以根据客户的货物运输需求与铁路部门运输产品的一致性，分为同质市场和异质市场两类。异质市场的客户对铁路运输服务有时效性、便捷性、信息化方面的需求，这要求铁路不仅提供货物的位移服务，还要提高服务运输的品质，满足客户的不同需求。高端层的运输对象一般为高附加值的产品，在该层次中，铁路不再扮演公益运输服务的角色，而是以营利为目标。这类客户与低端层、中端层的客户不同，在运价方面考虑较少，主要对运输时效性要求和运输服务质量要求较高。因此，铁路运输部门要尽量减少货物运输过程中的旅行时间消耗，满足客户对货物运到期限的要求。

3. 货物运输需求变化

货物运输市场需求的多样化和动态变化，对铁路货物运输计划的编制提出了新要求，实现无缝式衔接和一体化服务将成为主流趋势。为了提高铁路货物运输的市场竞争力，必须以市场为导向、以客户为中心，从运输产品开发到运输服务完成，全过程始终体现“面向客户”组织生产和营销的管理思想，为客户提供货物运输全程服务，保证货物及时送达，实现供应链的最佳运作和路企共赢。

货物运输全程服务，即全程物流，是指由某一主体承担将货物从发货点运达收货点的全部运输过程或运输业务，该主体对所承运货物的责任是从托运人仓库收货时开始，至货物交给收货人仓库时止的一种全过程、全方位、综合性的服务过程。在新的物流业发展形势下，铁路货物运输部门必须改变传统的“门到站”、“站到站”、“站到门”运输模式，实现“门到门”运输、一体化管理的要求，实行一条龙服务、一个部门管理、一个窗口受理、一口价收费、一张货票核收、一本账核算、一套系统控制。从用户发出请求，铁路承运货物生成货物订单开始，就设计出一套货物全程运输计划，实现货物运输从源头到终点的一体化运输，确保各环节紧密配合、高度协调。货物运输全过程一条龙服务有利于铁路运输企业及时准确地了解市场需求，为客户提供便利、全程服务，减少客户在短途汽车运输、装卸组织上的人员和精力投入，从而吸引更多的客户或企业选择铁路运输，提高铁路运输在整个货物运输市场的份额。

货物运输需求的变化主要体现在消费者对于运输时效性、可靠性、便捷性、个性化等需求方面的变化。个性化需求变化主要体现在大型企业实际的生产状况对运输服务提出的个性化需求，这样要求铁路部门与企业合作，互相商讨制订经济、合理的运输方案。除此以外，货物运输需求还发生了以下几方面变化：

(1) 随着各行业发展，生产的货物在外形、重量以及特性上变得越来越多样化，对铁路运输特殊货物提出了更高的要求。

(2) 货物运输产品结构发生了很大变化，运输市场上，大宗货物运输需求量基本趋于饱和，而多品种、小批量、高附加值货物的需求量持续增长。

(3) 由于各种运输方式的发展，各种运输方式之间竞争越来越激烈，可供客户选择的交通运输方式越来越多，因此客户对运输服务质量的要求越来越高。

1.2.3 国外规划型铁路货物运输组织实践

西方发达国家由于铁路货物运输起步早，发展较为成熟，运输能力较为富余，规划型运输组织模式得到广泛运用[2]。在这种运输组织模式下，其主要运输产品及其组织方法如下。

1. 整列直达运输

整列直达运输一般是开行将大宗货物从专用线到专用线、专用线到车站和车站到专用线的直达列车的一种运输方式。这些专用线和车站的大宗货物货源一般都较为稳定，通常都具备整列装卸的能力。整列直达运输适于煤炭、矿建材料、农产品、食品和工业半成品等大宗货物运输。

整列直达是法国国营铁路公司货物运输的主流方式，占有十分重要的地位。其特点是大量开行“夕发朝至”的直达列车，有相对固定的列车时刻表。大部分整列直达列车都由客户自备车辆或租用的车辆组成，中途无改编通过沿途技术站。为了更好地利用铁路运输工具的能力，在不同情况下，对整列直达列车要求的速度、运送期限、发送吨位、运输密度等因素也不同。列车总重可以根据运输需求在 500～5000 吨灵活变化。列车分为整列直达列车、轻快货物列车、多车组编列车、客户自备空载列车、专运列车等。整列直达列车一般运输速度为 100 公里/小时，其中“夕发朝至”的轻快货物列车速度现在达到了 160 公里/小时。

德国铁路运送大宗货物，主要也是采用整列直达列车。发货人整列发货，收货人整列接收。这类列车都不需要在沿途技术站进行技术作业。目前，德国整车直达货物运输量一直保持上升趋势，日均开行数百对时速最高为 110 公里的定点运行的整列直达列车。列车总重可以在 1000～5400 吨，这取决于所运输的货物种类：对时效性要求高的高价值货物如小汽车，列车总重就只有 1000～1500 吨；对运达期限要求不高的矿石货物的列车总重则为 4000～5400 吨。

2. 集结式运输

法国铁路集结式运输只适于一些大经济活动区，它的运送时间长，费用高，自 20 世纪 70 年代以来，它的运量不断萎缩。法国集结式运输是将零散车辆汇集至编组站，集结成列后向前输送，终到站为另一编组站，在此解体后分送到最终目的地，依次经历了“化零为整”和“化整为零”两个过程。法国国营铁路公司在封闭了大部分货运站之后，零散货物在 1200 个作业点装车完毕，当天就输送到 260 个货运站，接着开行小运转列车把这些货物输送至货运中心站，并在当天 16:00～17:00 继续向前开行至主要编组站。主要编组站一般在当天夜间进行解编作业，所编组的始发列车无改编通过沿途技术站而运送到目的编组站。由于法国国土幅员不大，到达目的编组站的时间一般为第二天的 8:00～10:00，此时再通过小运转列车把货物运送到主要货运站，最后可以在第二天下午至第三天早上将货物送达客户。在法国的集结式运输当中，主要货物站与主要编组站的距离一般为 50～100 公里。

德国铁路的集结式运输主要采用枢纽系统法，即将整个货物运输过程分为短途取送车(车组)过程和长途输送过程；把数个货运站或者专用线设为卫星站，配属于卫星枢纽站，两者组成一个卫星枢纽辐射区域，并且按照合理运输的原则与某个编组站固定连接起来，将区域内零散车流汇集成列。在卫星枢纽区内，主要开行的是中途不改编的、速度较高的、无定长的小运转列车，编组站间则开行长途直达列车。这种方法使得货源得以集中起来，货物运输业务得到了集中优化，较之以前分散的运输形式节省了人力并提高了劳动生产率，最终使运输成本有所下降。经过一直以来的集中优化，目前德国有 76 个卫星枢纽站、2300 个卫星站和 14 个枢纽编组站。

3. 联合运输

联合运输是一种完整的运输过程，也就是将装在容器(集装箱、托盘等) 内的货物，由铁路、公路、水路、航空中的两种或两种以上的运输方式，方便、快捷、准确和安全地送达客户。

早在 1999 年法国已经在全国形成联合运输网络，在巴黎和其他主要城市之间开行上百列联合运输列车，这种夕发朝至的直达列车时速普遍达到了 120 公里。通过 20 多年的发展，法国国营铁路公司通过兼并收购控股或参股了 150 多家公路运输公司，构建了覆盖全国的“门到门”和“一条龙服务”的公铁联运网络。法国铁路采用集装箱公铁联运的运量占其货物运输总量的 25%左右。据统计，2001 年仅公铁联运公司营业收入就达 200 亿法郎。开展公铁联运，是通过铁路组织城间运输，而“门到门”的短途运输基本上由汽车完成。这样整合了两种运输方式的技术经济特点，优势互补、以长补短，极大地增强了法国铁路运输的竞争能力。在法国铁路货物运输量不断减少的背景下，联合运输的运量却呈逐年增长的发展趋势，这对于长期处于困境中的法国铁路货物运输无疑是一种激励。

德国铁路很早就开始了联合运输，包括集装箱运输、驮背运输(用列车运送载重汽车、半挂车和挂车)和托盘运输。政府曾多次进行大规模投资来改善联合运输技术装备水平和管理水平，其集装箱基地站和办理驮背运输业务的站点覆盖全国。

美国铁路运输增长最快的货物运输业务是多式联运。1980～2007 年，多式联运运量从 300 万拖车和集装箱增加了 3 倍，达到了 1200 多万拖车和集装箱。多式联运一般以运输集装箱为主，调查资料显示，2007 年美国 I 级铁路集装箱运量占铁路多式联运总运量的 78.4%，达到了 943 万集装箱。

4. 集中型运输

2001 年，俄罗斯铁路研究提出建立新的运输组织模式的设想，将铁路运输管理机构由四级管理改变为“交通部运输管理中心-地区调度指挥中心-基地站”三级管理。新的运输组织管理模式以在地区中心管辖范围内组织开行直达列车的运输方式，实现从货流的产生地到消失地的直达运输，减少了运输途中技术作业，节省了货物运输时间和支出费用。各级管理中心的主要职责如下：

(1) 交通部运输管理中心(即中央调度指挥中心)设在莫斯科，负责全路运输组织工作的协调和监控，跨地区列车，包括技术直达列车、冷藏货物快运列车、通往港口的集装箱列车、国际联运货物列车等的实时集中统一指挥。

(2) 地区调度指挥中心主要负责地区管内主要干线方向的货流、车流组织和运输生产调度指挥。改革重组方案设计建立 7 个地区中心，大部分中心的管辖范围有 1 万～1.5 万公里线路，特别是要求地区调度指挥中心要保持 70%及以上的管内车流，以能实现直达一体化运输。

(3) 新的运输组织管理模式最重要的生产环节是基地站(或称基地中心)，它由所管辖的大型编组站、货运站、区段站及若干个中间站组成，以编组站为中心形成技术枢纽。基地站拥有运输生产所需的调车机车和本务机车，完成货物装卸、车辆取送、车流生成、列车编组和出发的运输生产组织，以及货物运输经营管理业务。地区中心管内的直达列车和跨地区的直达(直通)列车均由基地站编成。

采用这种运输组织管理模式，将能扩大采用现代列车行车调度指挥技术、延长机车和机车乘务组交路、加强空车流的管理等。采用这种运输组织模式能使从货流的产生地到消失地以及对跨越几个地区的车流实行有效管理，大大压缩列车在分界站和卸车站的等待作业时间，提高运输效率和效益。

1.2.4 国内铁路货物运输组织方法

长期以来，我国采用的是以生产效益最大化的运输组织模式，强调最大限度地利用铁路的运输能力，提高机车车辆运用效率，完成尽可能多的运输任务，是典型的组织型运输模式[3]。在组织型运输组织模式下，列车运行图仅作为行车组织的一个轮廓性技术文件，运输组织的核心是调度指挥。基于此，整个货物运输过程被划分为若干列车运行区段，在运行区段内按相应的货物列车编组计划对列车进行编组，列车编组完成后对应列车的运行区段在运行图中选择相应的运行线来组织列车运行。另外，我国既有的集结方式为满轴集结。首先，这种集结方式对列车重量或换长的要求是绝对的，对时间的要求是相对的，这就使得货车在编组场停留的时间具有非常大的不确定性，也经常会因为某一去向的车流集结达不到满轴满长的要求，导致列车无法正点发车，使得车流之间的接续缺乏统一有效的安排；其次，在从出发站至到达站的整个运输过程中，货车选择的编挂车次是随机的，车流在技术站的衔接也是随机的，这导致铁路运输企业根本无法有效地掌握货物的整个运输过程。

在这种运输组织模式下，我国铁路运输的主要货物运输产品及其组织形式如下。

1. 快运货物班列

快运货物班列是指在固定发到站间，有固定的车次和运行线、明确的开行周期和运行时刻，按客车化模式组织开行的货物列车。铁路部门根据社会需求确定列车装卸站，选择最佳路径，按照客车化组织方式编制列车运行图，从装车站到卸车站全程紧密衔接，努力确保快捷、及时运输货物。快运货物班列按照速度的不同分为三种：特快班列、快速班列和普快班列。特快班列使用最高运行速度 160 公里/小时的 25T 等专用车辆编组，原则上按不低于 2200 公里/日标准铺画列车运行图。快速班列使用符合最高运行速度 120 公里/小时开行技术标准的货车编组，原则上按不低于 1000 公里/日标准铺画列车运行图，主要包括快速货物班列、中欧班列、多式联运快速班列等。普快班列使用按普通货车标尺运行的普通货车编组，原则上按不低于 800 公里/日标准铺画列车运行图，主要包括普快货物班列、中亚班列、多式联运普快班列等。

快运货物班列开行方案编制以市场需求为导向，以提质增效为目标，以运力保证为基础，统筹需求、能力、效率、效益等要素，坚持运输集中统一指挥、管内服从跨局、总体效益最优的原则。快运货物班列开行方案的主要内容包括班列种类、装卸车站、发到技术站、车次、编组内容、运行径路、开行周期、发到运行时刻等，其编制应满足以下基本条件：

(1) 快运货物班列应具备稳定、均衡的货源。特快班列、快速班列货源量和方案开行周期要达到每日开行一列的条件(中欧班列等除外)。普快班列货源量和方案开行周期要达到至少两日开行一列的条件(中亚、沿江、陆海新通道班列等除外)，并具备向每日开行一列发展的潜力。拟新增入图的快运班列方案应先通过直达列车等方式组织试运，达到上述标准后方可提报入图方案。

(2) 装卸作业点要有相对固定的作业场地，必要的仓储设施具备整列或成组装卸车作业能力。

(3) 铁路局具备班列相应等级所需空车、空箱或专用车辆的保障能力。

(4) 发到技术站具备班列相应技术作业能力。

目前我国快运货物班列的主要产品形式包括特快班列、快速班列、普快班列[4]，如图 1.5 所示。

1) 特快货物班列

特快货物班列为使用最高运行速度 160 公里/小时的 25T 等专用车辆编组，原则上按不低于 2200 公里/日标准铺画列车运行图。目前，特快货物班列基本在人口密集、经济发展较快的大城市之间开行，所有班列均为对开。其组织方式为点到点直达运输，途中不进行作业，按特快旅客列车运输标准运行，最高时速可达 160 公里，开行频率为每日一列。特快班列在运行速度和可靠性等方面具有一定的保障，在很大程度上提升了铁路货物运输和航空运输的竞争力。

2) 快速货物班列

快速货物班列属于快速班列的一种，由行包快运专列演化而来，主要承运包裹、信件等小件货物，运行途中会进行固定的车组甩挂作业，没有编组作业，

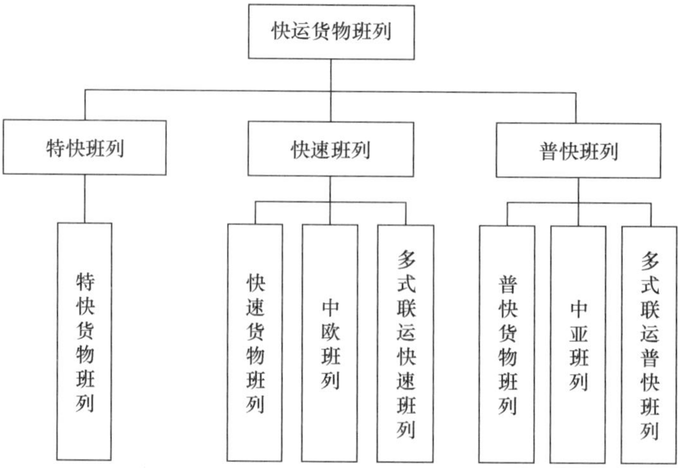

图 1.5　我国快运货物班列的主要产品形式

最高运行时速为 120 公里，原则上按不低于 1000 公里/日标准铺画列车运行图。相对于特快货物班列，快速货物班列的运输价格更低，覆盖面更广，一些主要的货物运输城市都被该类型班列覆盖。相比于传统的货物运输，快速货物班列的运行速度更快，服务更加便捷，因此综合班列所有的运输特点，在当前所有快运货物班列产品中，该类班列属于服务最高的一档产品。

3) 中欧班列

随着“一带一路”倡议的不断推进，我国开行了东、西、中三个铁路物流运输通道。中欧班列是指往返于中国和欧洲两地，以及沿线各国的集装箱国际铁路联运班列。其采取“干支结合”的开行方式，最高时速 120 公里，原则上按不低于 1000 公里/日标准铺画列车运行图，采用客车化方式进行运输组织工作。铁路部门专门成立了中欧班列客户服务中心，可以随时为客户提供货物追踪、业务咨询、报关转关、应急处置等“门到门”服务。

4) 多式联运快速班列

多式联运是指在“海铁联运”过程中，由船舶运出的出口货物需要铁路运送至(出)沿海海港，而在此过程中的铁路运输将采用专有的班列往返于沿海港口和货运站之间。基本采用集装箱进行运输，主要集中在天津、大连、青岛、宁波、上海、厦门、深圳等沿海港口城市。多式联运快速班列采用快速货物班列运行标尺，最高时速 120 公里，原则上按不低于 1000 公里/日标准铺画列车运行图，以客车化方式进行运输组织工作。

5) 普快货物班列

普快货物班列是采用普通货车运行标尺，由普通货物列车编组而成的一种普快班列，由原来“定时、定点、定线、定车次、定价”的“五定”班列发展而来，开行频率为一日一列或两日一列，最高时速为 80 公里，相较于特快货物班列与快速货物班列，普快货物班列对承载的货物要求比较低，运输种类相对较多。

6) 中亚班列

中亚班列是一种普快班列，是指自我国或途经我国发往中亚五国以及西亚、南亚等国家的快速集装箱直达班列，其开行频率为两日一列或一日一列。中亚班列采用普通货车运行标尺，由普通货物列车编组而成，原则上按不低于 800 公里/日标准铺画列车运行图。为了进一步全面挖掘新丝绸之路经济带物流通道的潜能，加强中亚班列的运行组织，铁路运输部门着力打造“快捷准时、绿色环保、安全稳定”的铁路国际班列货物运输品牌，优化客户服务中心工作流程和制度办法，提升中亚班列的运输质量，为“一带一路”沿线国家提供优质服务。

7) 多式联运普快班列

多式联运普快班列是指在组织“海铁联运”过程中，采用普通货物列车运行标尺，由普通货物列车编组而成的一种普快班列，其最高时速为 80 公里，原则上按不低于 800 公里/日标准铺画列车运行图，对于加快“海铁联运”的发展具有重大作用。

2. 普通货物列车

普通货物列车是指服务于时效性要求较低、货源较分散、需要沿途技术站进行解编作业的货物运输产品。普通货物运输产品是铁路货物运输产品构成体系中的一个重要组成部分，特别是对于公共性较强的线路，普通货物运输产品的开行比例仍然较大。同时，开行一定比例的普通货物运输产品可以充分利用铁路资源，从而获得较高的经济效益。普通货物列车产品形式主要包括传统货物运输产品、直达货物运输产品、重载货物运输产品及特种货物运输产品。

1) 传统货物运输产品

传统货物运输产品的主要形式如图 1.6 所示。

传统铁路货物运输是指利用线路、机车、车辆等技术设备，将原料或产品装入车辆，以相同去向的车辆组成列车，以列车方式将货物从生产地运送到消费地的过程，在货物的运送过程中，需要进行装车站的发送作业、途中运输作业以及卸车站的终到作业。同时，在货物运输过程中，为了加速机车车辆周转以及提高铁路线路及其他固定设备的利用率，还可能在途中的技术站进行改编作业。根据货物的运送距离及其在技术站的作业过程，传统货物运输产品主要有以下形式：直达列车(包括技术直达列车、阶梯直达列车、基地直达列车与装车地直达列车)、直通列车、区段列车、摘挂列车与小运转列车等。

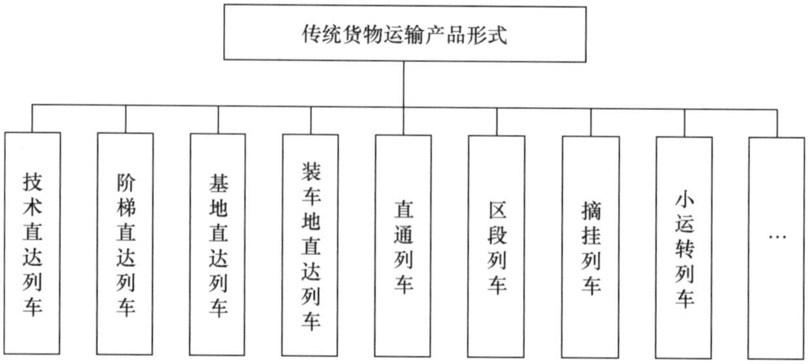

图 1.6　传统货物运输产品形式

2) 直达货物运输产品

远程直达运输能提高铁路运输效率，减轻沿途技术站的解编负担，提高货物送达速度，是铁路货物运输产品体系的重要组成部分。组织直达运输能够提高铁路运输效率,但组织直达运输产品需要装车地具备稳定的货源和装车能力。随着铁路大客户战略的提出实施，铁路已与能源、物资类生产企业建立大客户机制，在货源的组织和装车能力上已具备组织直达列车的条件。基于货物品类的直达货物运输产品形式及组织条件如图 1.7 所示。

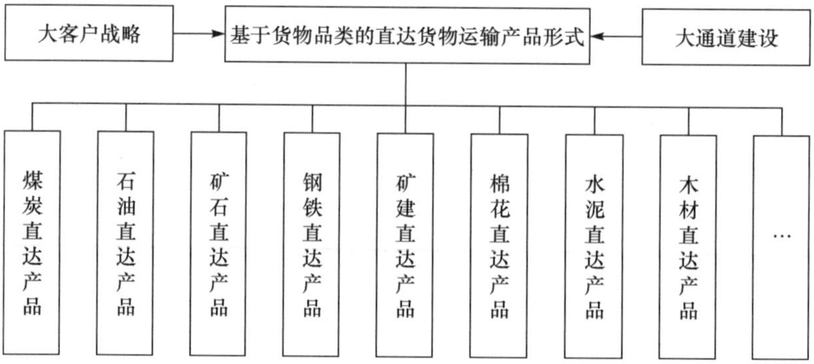

图 1.7　基于货物品类的直达货物运输产品形式及组织条件

3) 重载货物运输产品

重载运输是在货物运输量到发集中的货物运输线路上(一般为货物运输专线)采用先进的铁路技术装备，扩大列车编组辆数，提高列车重量的一种运输方式。按照重载列车牵引重量，重载列车可划分为普通直达列车、5000 吨重载列车、10000 吨重载列车和 20000 吨重载列车；按照重载运输组织方式，重载列车可分为单元式重载列车、组合式重载列车和整列式重载列车。大秦铁路是我国新建的第一条双线电气化重载运输专线，是我国“西煤东运”的主要通道之一。2014 年 4 月，大秦铁路已经成功组织实施了 30000 吨重载列车运行试验。

4) 特种货物运输产品

特种货物运输是指需要使用特种车辆进行运输，并在货物的运输、装卸、保管过程中有特殊要求的货物运输方式。由于特种货物运输作业过程涉及不同载运工具、运输线路、运输作业要求和方法，因此为了保证特种货物的运输安全和运输工作正常运行，必须具有其特定的运输、装卸、保管、监控等技术，组织条件和安全防护措施，满足特种货物运输、保管、装卸及其他要求。目前，为特定客户的多样化需求提供专门的运输产品是我国铁路货物运输发展的一大特点，主要包括危险品货物运输、超限货物运输、冷藏运输、军事运输以及特殊机密物品运输等。

1.3　市场导向动态规划型铁路运输组织方法

1.3.1　我国传统铁路货物运输组织方法的不适应性

长期以来，由于我国铁路货物运输采用的是组织型运输组织模式，在新的货物运输市场形势下，这种运输组织模式存在很大的缺陷，难以适应货物运输市场的动态变化需求，传统货物运输组织模式的不足主要体现在以下方面。

1. 传统运输组织方法下的货物运输计划难以适应货物运输市场的动态变化需求

传统的货物列车编组计划与列车运行图采用的是单一的、静态的编制模式，是在假设车流量、货车集结时间、车辆改编额外消耗时间这些影响列车编组计划编制的主要参数固定不变的基础上进行的，然而，实际上这些参数都是随时间动态变化的。在新的货物运输市场形势下，货物运输需求是动态变化的，货流的不稳定性与车流的波动性越来越大，路网每天的装卸车需求会随着货物运输市场的需求而不断变化，因此传统的货物运输计划与日常货物运输组织工作存在严重的脱节现象，导致铁路日常货物运输组织仍然以日常调度指挥工作为主，列车运行图与货物列车编组计划只是辅助性、方向性、轮廓性的文件，对日常运输组织工作没有起到实际的指导作用，更无法从计划层面对货物运输市场的运输需求做出快速反应，难以实时动态地编制精细化货物运输计划，满足不了货物运输市场的多样化和动态化需求。

2. 货物运输计划编制周期过长

传统的货物运输计划一般是年度性的技术文件，其编制周期基本都在一年以上。然而，在新的货物运输市场形势下，铁路货物运输市场呈现多样化和动态变化，铁路货流的不稳定性与车流的波动性将越来越大，路网每天的装卸车需求往往会随着货物运输市场的需求而不断变化，因此年度或月度性的货物运输计划无法对动态变化的货物运输市场需求做出快速反应，不能指导日常的运输组织生产活动。

3. 货物运输时效性差，不能保证货物运到期限

现行铁路货物运输组织模式是以货物列车编组计划为基础，将货物运输全过程划分为若干个列车运行区段，按编组计划规定的列车种类组织列车集结，满轴后进行编组，最后对应列车的运行区段在列车运行图上选择相应的运行线组织列车运行。尽管在日班计划中已经根据列车基本运行图确定了列车的出发时刻，但由于在满轴集结方式下，列车重量或换长的要求是绝对的，时间的要求是相对的，常常会造成因某一去向的车流集结辆数到列车编组前达不到列车运行图所规定的长度或重量，从而导致列车不能正点出发。另外，货车在不同列车运行区段的不同列车间车流接续不可避免地缺乏统一的安排，货车在发到站间输送全过程选择的编挂车次、在技术站的车流衔接都是随机的。因此，铁路运输部门无法掌控货物运输的全过程，列车运行图对货物运输组织生产也无法起到指导作用，列车运行调度指挥才是列车运行组织的核心。此外，列车运行受调度指挥人员能力水平和主观因素影响较大，因此在行车调度的过程中调度人员不同的因素也会使得货物列车的运行过程难以预测。综上原因导致铁路运输部门无法掌控货物运输全过程，从而无法保证客户对货物的运到期限要求，无法为客户提供全程货物运输服务。

4. 铁路货物运输产品结构不协调

我国目前的铁路货物运输主要倾向大宗货物运输市场，在小件物流、高附加值货物运输市场份额较低。随着社会经济发展和产业结构调整，钢铁、煤炭、水泥等大宗货物需求量呈缓慢增长趋势，维持在稳定水平。而近年来随着物流行业的兴起，物流快递行业的市场需求快速增长，铁路以大宗货物运输为主的产品结构使得铁路市场竞争力不断下降。这就需要铁路运输企业优化产品结构，为客户提供多元化的运输服务，既要重视大宗货物运输，也要大力发展零散高附加值货物的运输服务。

1.3.2 市场导向动态规划型铁路货物运输组织方法的提出

1. 铁路货物运输组织方法划分

1) 规划型运输组织方法

规划型运输组织模式是以年度规划性行车组织文件为主要文件，并对日常行车组织工作按照年度规划性行车组织文件制定详细的工作安排。在该模式下，货物列车编组计划和列车运行图是需要严格依照执行的指导文件。

规划型运输组织模式的核心是列车运行图，以列车运行图为基础进行日常运输组织。在这种行车组织模式下，货物列车编组计划和列车运行图是根据细致的货流调查资料、详尽的运输统计分析资料等材料，采用统筹规划方法制订的货流车流组织方案。列车运行图一旦制定，就具有很高的权威性，任何部门都没有单方面更改的权力。列车调度人员在正常情况下不会干预列车运行，其作用仅仅是维护列车正常的运行秩序，这样做的目的是从根本上保证列车按图运行；只有在发生自然灾害、行车事故等特殊情况时，才会按照事先规定对列车运行图进行调整。规划型铁路货物运输组织方法如图 1.8 所示。

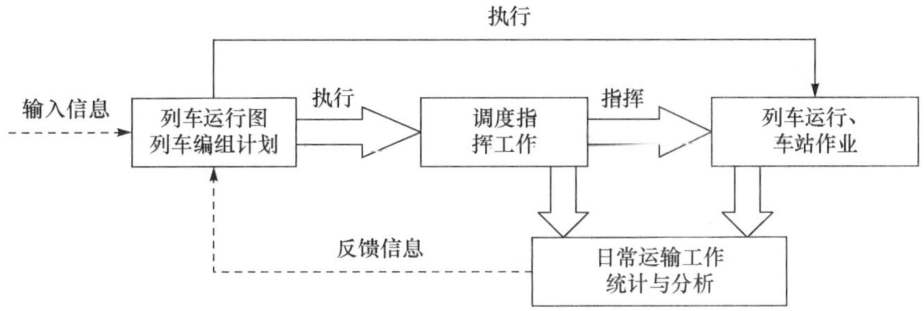

图 1.8 规划型铁路货物运输组织方法

在这种运输组织方法下，货物列车编组计划与列车运行图是运输组织的核心。货车在规定的时间内集结成列，货物列车在规定的时间发车，而后按照列车运行图规定的径路运行，不仅保证了不同车流在节点站的有效接续，也保障了货物列车编组计划与列车运行图对列车编组内容和数量的相关规定。因此，一般情况下，货物列车编组计划和列车运行图是根据日常运输工作的需要而系统性的优化设计的结果，能满足运输工作的协调组织。但是，随着目前我国货物运输市场的多样化和动态变化，货流的不稳定性与车流的波动性也越来越大，该种运输模式也无法对动态变化的运输市场做出快速的反应，不能将货物运输市场的动态变化需求实时地反映到列车运行图上，实现列车运行图的日常动态编制和调整。

2) 组织型运输组织方法

组织型运输组织方法重点强调日常调度指挥的重要性，是以年度规划性的行车组织技术文件为辅助依据、日常调度指挥工作为主的运输组织方法。组织型铁路货物运输组织方法如图 1.9 所示。

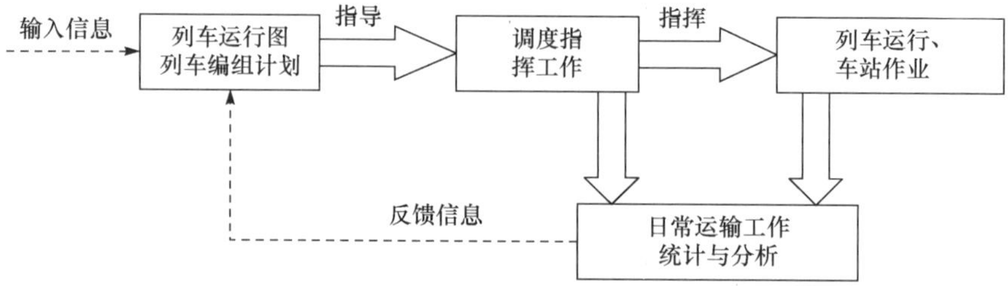

图 1.9　组织型铁路货物运输组织方法

组织型运输组织方法以充分利用铁路线路及各种移动设备能力、提高机车车辆的运用效率、实现运量最大化为目标进行日常货流、车流、列车流的调度与调整。在这种情况下，货物列车编组计划和列车运行图不是根据动态变化货物运输需求编制的，也没有经过系统性的优化设计，系统工作并不一定会达到最优，日常运输工作的需要也无法满足。这种列车编组计划和列车运行图不确定的情况，决定了行车组织工作中调度指挥工作占了主导作用，即行车工作依据轮廓性的列车编组计划和列车运行图的指导，根据日常运输工作的变化，通过调度指挥调整日常工作计划来组织行车工作。

2. 市场导向动态规划型铁路货物运输组织方法

市场导向动态规划型铁路运输组织是指积极面向市场，服务客户，以动态变化的市场需求为导向，制定铁路运输营销策略，动态编制以列车运行图为核心的全程运输计划，并实行“按图行车”。

鉴于我国高速铁路大规模建设条件下铁路运输能力大幅提升和现代科技日新月异条件下信息化技术应用突飞猛进的坚实基础，建立市场导向动态规划型铁路运输组织模式，是铁路适应时代发展，实现运输组织创新突破的根本途径。

无论是铁路客运还是铁路货运，采用市场导向动态规划型铁路运输组织模式都是同样适用和必要的，由于我国铁路客运主要存在的问题是灵敏度不足，实际上需要解决的是运输组织精准化，提高运输质量的问题，而铁路货物运输则是存在与社会物流化发展不适应的根本性问题，因此这里重点讨论的是市场导向动态规划型铁路货物运输组织方法。

市场导向动态规划型铁路货物运输组织就是积极面向市场，服务客户，以动态变化的货物运输市场需求为导向，制定铁路货物运输营销策略，从客户提交货物运输请求，铁路运输企业承运货物，生成货物订单开始，就设计出一套以列车运行图为核心的铁路货物全程运输组织方案，并实行“按图行车”，实现货物运输从源头到终点的一体化运输，确保各环节紧密配合、高度协调，为客户提供快捷运输、实时跟踪、及时送达的全程货物运输服务。

市场导向动态规划型铁路货物运输组织方法如图 1.10 所示。

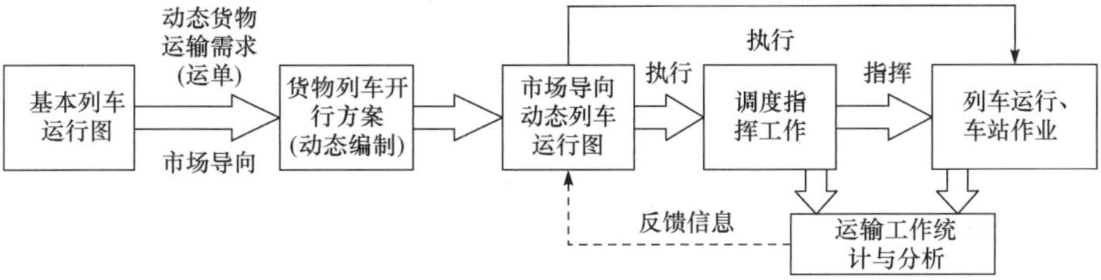

图 1.10　市场导向动态规划型铁路货物运输组织方法

可以看出，市场导向动态规划型铁路货物运输组织模式是在货物运输基本计划，即基本列车运行图(包括年度/月度货物运输计划、货物列车编组计划、列车运行计划、机车运用计划、车辆运用计划、司机乘务计划等)的基础上，以市场动态变化的货物运输需求为导向，结合日常运输生产实绩数据编制货物运输实施计划(动态列车运行图)，包括动态货物列车开行方案、列车运行实施计划及相关作业实施计划，将动态变化的货物运输需求实时地反映到列车运行图上，实现列车运行图的日常动态编制和调整，以指导日常列车运行及车站各项工作。而日常调度指挥工作主要以执行和下达实施计划为主，并在调度组织过程中适度调整。

市场导向动态规划型铁路货物运输组织方法强调运输计划编制与市场紧密结合，发挥市场对计划编制的导向作用，以满足货物运输需求，提高铁路货物运输服务质量。市场导向动态规划型铁路货物运输组织框架如图 1.11 所示。

首先，通过对铁路货物运输市场需求分析，构建铁路货物运输市场营销体系，做好运输企业定位和市场客户及运输产品分类，确定与货物运输市场相适应的营销策略；并在此基础上结合多样化的客户运输需求与各类列车的基本运到期限进行货物运输全程服务产品设计。然后，研究适应运输市场动态变化的规划型运输组织策略，提出市场导向动态规划型铁路运输组织方法，深入研究货物运输基本计划(基本列车运行图)、实施计划(动态列车运行图)、日常调度指挥的机理与方法。

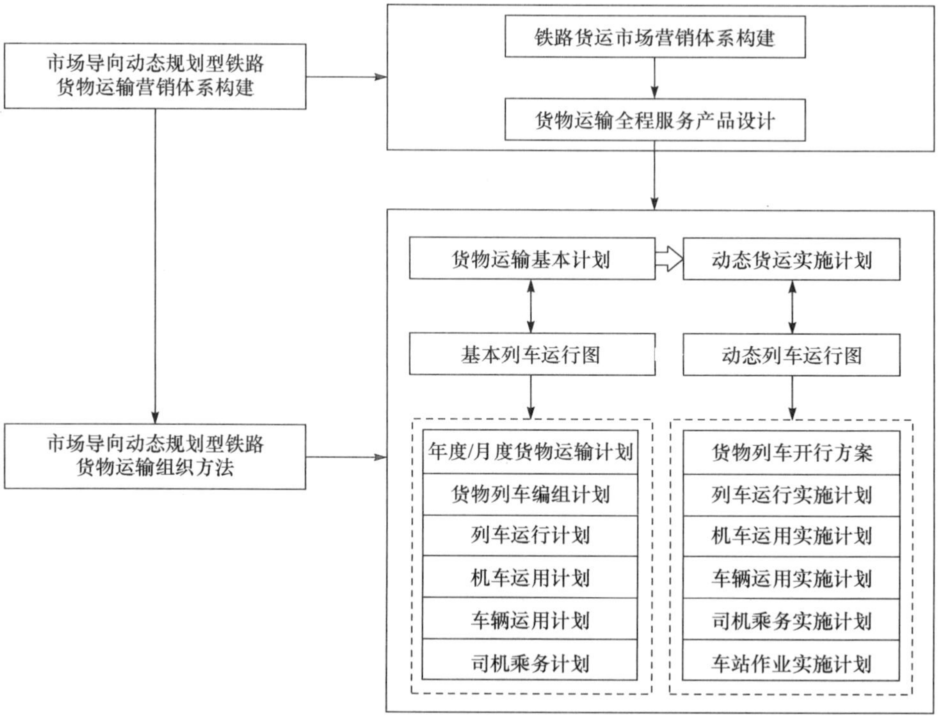

图 1.11　市场导向动态规划型铁路货物运输组织框架

对于货物运输基本计划(基本列车运行图)，它的主要内容包括年度/月度货物运输计划、货物列车编组计划、列车运行计划、机车运用计划、车辆运用计划和司机乘务计划等，它是长时间规划型的行车组织技术文件，是在进行充分的市场调查研究和运量预测的基础上，结合对运输统计资料的分析，运用系统分析原理编制的货物运输基本计划。但是由于货物运输基本计划的编制周期过长，无法对动态变化的货物运输市场做出快速反应，为了充分满足动态变化的货物运输市场需求，提高铁路货物运输产品的服务质量和竞争能力，还需要以市场需求为导向，编制动态货物运输实施计划(动态列车运行图)，其主要内容包括货物列车开行方案、列车运行实施计划、机车运用实施计划、车辆运用实施计划、司机乘务实施计划及车站作业实施计划等。它是以短期内市场的动态货物运输需求为导向，以货物运输基本计划为基础，结合运输生产实绩数据编制的动态实施计划(动态列车运行图)，以此作为日常调度指挥工作的基础。

基于市场导向动态规划型铁路货物运输组织体系，需要根据货物运输市场的动态需求动态编制每日的实施计划，从客户提交货物运输请求，铁路承运货物生成货物订单开始就为客户提供一套货物运输全程服务，具体解决方案如图 1.12 所示。

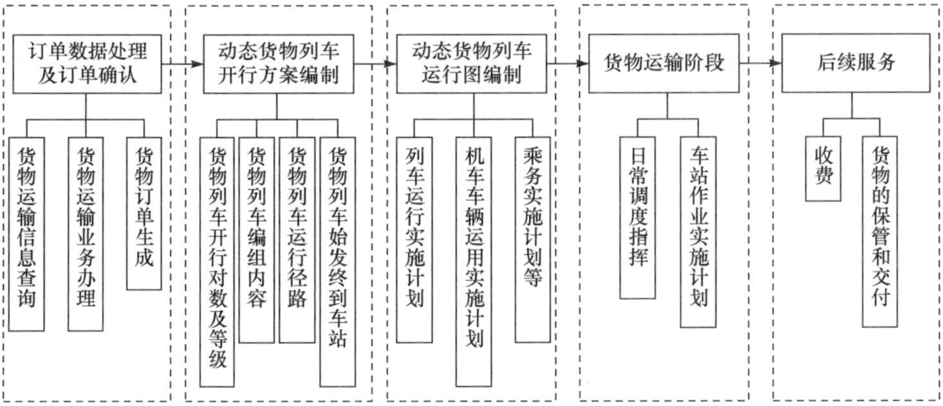

图 1.12　市场导向货物运输全程服务计划解决方案

市场导向货物运输全程服务计划解决方案的技术流程是：在货物运输基本计划的基础上，根据市场日常动态变化的货物运输需求以及路网运力资源的动态变化，实时收集、审批客户提交的货物运输请求，生成货物订单，以货物运输市场的日常订单信息为基础，结合路网运输统计分析资料及运力资源的分布情况进行动态车流推算，动态编制货物列车开行方案，确定和调整货物列车的开行对数、开行等级、运行径路、始发终到车站和编组内容等，最后以货物列车开行方案为基础，结合货物运到期限与铁路运输能力限制，在基本列车运行图上动态挑选货物列车运行线，实现流线结合的货物列车开行方案与列车运行图协同编制，以此指导日常运输组织生产活动，为客户提供实时运输、动态追踪、及时送达的全程货物运输服务。

市场导向动态规划型铁路货物运输组织方法的核心是铁路企业内部各个部门与客户协作，制订和实施切实可行的动态、全程运输实施计划，提高运输组织效率，为客户提供及时、快捷、高效的全程货物运输服务。而动态、全程运送计划以客户需求为中心，不仅需要编制统筹全局的货物运输基本计划(年度/月度货物运输计划、货物列车编组计划、列车运行计划、机车运用计划、车辆运用计划、司机乘务计划等)，更要制订反映运输市场需求的动态实施计划。综合来说，市场导向动态规划型铁路货物运输组织方法是在货物运输基本计划(基本列车运行图)的基础上，以运输市场动态需求和铁路运力资源动态变化为导向，以提高铁路货物运输竞争能力与服务质量，实现精细化货物运输组织为目标，在满足客户运到期限及铁路运输能力限制条件下，编制基于每日的动态货物运输实施计划(动态列车运行图)。在计划编制过程中，要综合编制货物运输营销计划、货物列车开行方案、列车运行实施计划、机车/车辆运用实施计划、司机乘务实施计划、车站作业实施计划等相关作业计划，以指导日常调度指挥工作，实现“按图行车”。

从世界各国铁路运输发展趋势来看，规划型运输组织方法是铁路行车组织的发展方向。目前，实行完善的市场经济体制的国家，如日本、德国等基本采用规划型运输组织方法。在我国，铁路货物运输组织方法由组织型转变为规划型是必然的发展趋势。首先，在市场经济体制下，运输市场竞争激烈，传统的垄断性的运输供给格局已不复存在，也意味着铁路失去了在计划经济体制下的优势；然后，随着我国铁路中长期发展规划的执行，铁路建设已实现质的发展，路网结构越来越完善，设备越来越先进，运输能力已经不再是制约我国铁路发展的主要因素；最后，随着运输能力的释放，在日常运输工作中，不再以充分利用铁路线路和各种运输设备能力，实现运输能力最大化为目标，而是以提高铁路运输产品竞争能力，充分满足运输市场对运输服务质量的要求为目标。因此，以动态变化的市场需求为导向，编制满足市场需求、切合运输生产实际的动态货物列车开行方案与列车运行图，对增强我国铁路货物运输服务质量与竞争力具有重大意义。

第 2 章　市场导向动态列车运行图协同编制管理机制研究

2.1　现阶段我国列车运行图编制管理机制

2.1.1　既有列车运行图编制管理体制

目前，我国列车运行图编制(简称编图)和管理仍然属于两级列车运行图编制管理机制，列车运行图的编制与管理由国家铁路集团统一领导组织完成，国家铁路集团定期召开全路列车运行图编制会议，集中编制列车运行图，跨两局及其以上的列车在国家铁路集团的领导下统一进行编制，铁路局负责自己管内列车运行图的编制。具体操作模式即在列车运行图的编制时，国家铁路集团负责确定本次列车运行图编制的原则、方针及任务，确定客货列车开行方案，并领导组织本次列车运行图的编制工作；铁路局上报相关资料并负责完成本局的列车运行图编制工作[5]。

2.1.2　既有列车运行图编制管理机构

现行列车运行图的编制由国家铁路集团和各铁路局成立临时编图委员会和编图工作组来领导和具体实施列车运行图编制工作，具体列车运行图编制管理机构设置如图 2.1 所示。

国家铁路集团编图委员会的主要任务是制定本次列车运行图编制的方针、政策、原则和任务，审核与列车运行图编制相关的重大设备问题和技术问题，批准新列车运行图等。国家铁路集团编图工作组的主要任务是服从国家铁路集团编图委员会的领导和安排，进行跨局列车牵引试验，确定全路列车运行图编制相关的主要技术作业标准。此外，还负责各铁路局列车运行图编制资料的审核以及具体组织领导全路的列车运行图编制工作。

铁路局编图委员会的主要任务是在国家铁路集团的统一领导下，根据国家铁路集团的统一安排，再根据自己铁路局的实际状况制定本局列车运行图编制的任务、政策、方针和原则等，全面负责本局列车运行图编制工作。铁路局编

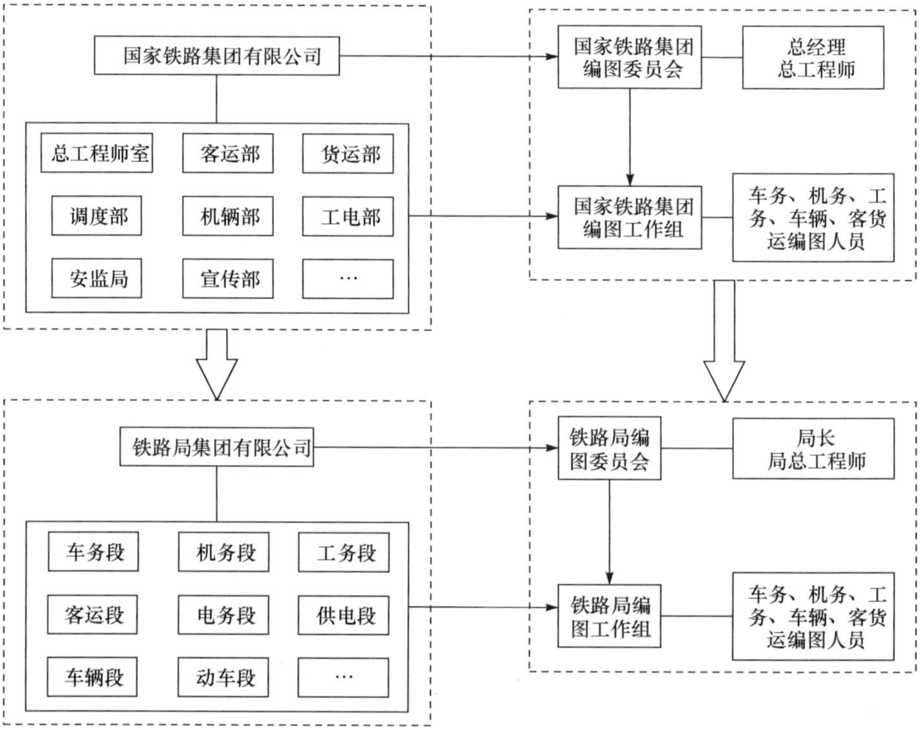

图 2.1 既有列车运行图编制管理机构设置

图工作组的任务是在铁路局编图委员会的统一领导下，在国家铁路集团及铁路局编图委员会制定的方针和原则的指导下，完成本局列车运行图编制的具体工作，包括处理关于列车运行图编制的技术问题、业务问题，审核列车运行图编制各项技术作业标准，组织相关资料的调查分析和具体组织列车牵引试验，审核并统计各种上报资料等[6]。

2.1.3 既有列车运行图编制管理存在的问题

目前我国尚无专门的列车运行图编制管理机构，每次需要编制和调整列车运行图时，国家铁路集团、各铁路局就临时组织相关部门的人员前往约定的地点，集中编制列车运行图。

1. 不满足列车运行图的日常动态化编制需求

我国幅员辽阔，人口众多，东部沿海经济发达、人口稠密，西部地区资源丰富、地广人稀，物资和人员的流动巨大，铁路运输组织工作对于我国经济的发展和人民的生活具有重大意义。此外，不同季节、节假日、不同时段客货流的差异也对铁路部门的运输组织工作提出了很大的挑战。随着计算机编制列车运行图技术的发展，我国列车运行图的编制和调整工作日益频繁，在基本列车运行图的基础上，编制了针对不同季节、节假日的分号列车运行图。但是，社会经济的发展给铁路运输生产带来了重大的改变，特别是针对货物运输：一方面，铁路货物运输市场需求呈现多样化和动态变化，铁路高附加值货物的运输需求日益增加；另一方面，在日常运输生产工作中，货源货流的不稳定性与车流的波动性也越来越大，路网每天的装卸车需求往往会随着运输市场而动态变化。然而，在既有的列车运行图编制管理体制下，货物运输计划存在计划编制周期长、指导性差、兑现率低、与日常运输组织生产工作存在严重的脱节现象，对货物运输市场的动态变化需求无法做出快速反应，更无法将日常动态变化的货物运输需求反映到列车运行图上，无法实现列车运行图的日常动态编制和调整。

2. 列车运行图与实际运输工作存在偏差

目前，我国铁路运能相对不足，运能与运量的矛盾比较突出，铁路日常运输生产活动并没有完全按照列车运行图的规定来组织行车，而是通过实时调度指挥，在行车组织可行性的基础上争取实现铁路运输能力最大化。列车运行图将路网各种列车的开行数量、时间在图上进行明确的规定，实行“按图行车”，两者采用不同的技术参数。因此，日常开行的列车对数与列车运行图所能铺画的列车对数可能不同，尤其是对一些繁忙的骨干线路来说，列车运行图只是一个粗略的工作计划，并没有对日常的行车组织工作提供很好的依据。

在我国，社会主义市场经济体制已经形成，垄断性的运输供给已经开始转变为以竞争为特征的运输市场，铁路传统的体制与经营管理模式已不再适应日常动态变化的运输市场要求，在市场竞争中渐渐失去以前的优势，运输市场占有份额也逐渐下降。因此，铁路需进行包括运输组织方法在内的铁路运输管理体制改革，严格组织“按图行车”，实现规划型运输组织。

2.2　市场导向动态列车运行图协同编制管理机制

2.2.1　市场导向动态列车运行图协同编制管理机制的提出

本书旨在研究市场导向动态规划型铁路运输组织创新理论及技术，建立全面、迅速、准确应对市场动态变化的规划型铁路运输组织新机制，根据市场变化，基于货物运到期限要求，实现动态铁路运输计划编制和精准调度指挥，从根本上提升铁路适应市场动态变化的能力。铁路运输组织涉及铁路运输资源的科学、合理、经济配置与优化运用，涉及面广，制约因素复杂，而列车运行图作为铁路运输组织的核心技术文件，是协调铁路部门进行运输生产的综合计划和铁路行车组织的基础，在适应运输市场发展、满足铁路对运输市场的需求中起着决定性作用。市场导向动态列车运行图编制是实现铁路运输组织创新的核心举措，同时也是一件日常性的常态工作，因此要构建以动态列车运行图编制为核心铁路运输组织创新理论，首先需要研究全网全程动态列车运行图编制管理创新机制。列车运行图编制管理机制创新是实现以动态列车运行图编制为核心的运输组织理论创新和实现列车运行图的日常动态化编制管理的核心战略。

在既有编图管理机制下，列车运行图编制周期过长、成本过高，难以高效、高质地编制新的列车运行计划以适应运输市场的动态变化需求。同时，由于列车运行图编制工作涉及的机构众多，列车运行图编制领导机构是为列车运行图编制而临时成立的虚拟机构，列车运行图编制人员也是从各个铁路局临时抽调的相关部门的工作人员，管理层次多，约束能力差，不适应越来越频繁的列车运行图编制需要，因此本书提出市场导向动态列车运行图协同编制管理机制。

市场导向动态列车运行图协同编制管理机制是在列车运行图编制、实施、管理工作中，根据铁路运输工作实际要求，以充分满足客货物运输需求，服务于铁路运营管理工作为理念，以提高列车运行图编制效率为目标，使列车运行图编制管理相关的人、财、物、信息等各项要素优化组合，优势互补，成立专业化的列车运行图编制管理机构，对列车运行图编制管理的各个阶段(包括运量预测、列车开行方案设计、列车运行图编制、车辆运用计划编制、司机乘务人员计划编制、列车运行图的审核与实施等阶段)进行集中管理；组建专业化的列车运行图编制队伍，实现列车运行图编制业务的专业化、标准化、高效化和列车运行图管理的信息化、扁平化、集中化。具体做法可以是构建全路列车运行编制管理的实体机构——全路列车运行图编制管理中心，对全路列车运行图进行统一的编制和管理；加大对列车运行图编制人才的培养，成立专业的列车运行图编制队伍，对既有列车运行图编制人员定职能，确定其在运行图编制工作中的职能。

2.2.2 市场导向动态列车运行图编制管理模式构建

在列车运行图的编制、管理、实施过程中，需要根据铁路行车组织工作的具体要求，同时考虑运输市场实时动态变化的货物运输需求。为此，组建专业化的列车运行图编制、管理机构，成立专业化的列车运行图编制队伍，对列车运行图编制管理的各个阶段(包括日常货源货流的收集、运量预测、列车开行方案编制与调整、动态车流组织与推算、列车运行图编制与调整、机车车辆运用计划编制、运行图的批准与实施等)进行集中管理，实现列车运行图编制管理业务的专业化、组织化和集中化[7]。为此，本书提出以下列车运行图编制管理机制。

1. 成立专门的列车运行图编制机构

成立专门从事列车运行图编制管理工作的实体机构——全路列车运行图编制管理中心，将现有国家铁路集团列车运行图编制相关部门进行整合，成为负责列车运行图编制管理的专职机构。这样不仅有利于缩短列车运行图编制周期，提高列车运行图编制质量和编制效率，还方便了列车运行图编制相关人、财、物、信息的管理，使列车运行图编制工作人员全心全意地投入列车运行图的编制和优化工作中，对实现全路列车运行图效益最大化、满足日常动态变化的运输市场对列车运行图编制的新要求。

对于铁路局，可将铁路局运输部、货运部、客运部、工务部、车辆部、机务部等各部门原有运行图编制、管理职能整合，组建铁路局列车运行图编制管理中心,作为全路列车运行图编制管理中心直属领导从事本局列车运行图编制、管理职能的专职机构。铁路局列车运行图编制管理中心的任务有：负责在全路列车运行图列车运行图编制管理中心的指导下完成本局的列车运行图编制与调整工作；负责本局列车运行图的管理；负责本局管内设备、行车基础数据的收集与上报等。

通过成立专业的列车运行图编制机构，实现对列车运行图的编制进行统一规划与管理，将客运、机务、货运、工务等各部门的计划进行统一的规划和安排，从而实现各种专业计划有机整合，不仅能实现列车运行图编制资源的合理配置，有利于各项资源的集中分配，同时，也能方便对列车运行图编制人员和设备的管理。另外，由于机构专业化，对于铁路运输市场，专业的列车运行图编制管理机构能对运输市场的动态变化做出快速反应，在接受列车运行图编制任务之后，各工作人员能迅速进入列车运行图编制程序，根据运输市场的动态需求及路网现状进行实时的动态调整，很好地适应运输市场多样化和动态化需求。

2. 构建专业化列车运行图编制队伍

要构建专业化的列车运行图编制队伍，需要很多懂得专业知识、受过专门训练的专职人员，同时，列车运行图编制人员必须要有专业理论知识为依据，在本领域具有一定的研究能力，让他们长期稳定地从事列车运行图编制工作。对此，可安排国家铁路集团、铁路局各部门的相关专业人员从事列车运行图编制工作，根据所从事的专业工作明确各自在列车运行图编制工作中的职能。通过对专业理论、知识、技能的积累和培养，不仅有利于构建专业化的人才队伍，也有利于列车运行图编制体系的完善和发展。此外，列车运行图的编制工作决定了铁路运输生产的秩序、效益、效率及安全，因此列车运行图编制人员承担着重要的社会责任，必须具备较高的职业道德与使命感。

3. 强化列车运行图编制管理机制

目前，我国列车运行图的编制和管理仍然属于两级列车运行图编制管理机制，列车运行图的编制与管理由国家铁路集团统一领导组织完成，国家铁路集团定期召开全路性列车运行图编制会议，集中编制列车运行图。由国家铁路集团制定列车运行图编制的政策、方针、任务及原则，并制定客货列车开行方案，再由铁路局列车运行图编制人员具体组织完成列车运行图的编制。跨两局及以上列车运行图在国家铁路集团的领导下统一进行编制，铁路局负责自己管内列车运行图的编制。强化两级列车运行图编制管理模式，加强国家铁路集团对全路列车运行图集中统一管理，不仅保证整个路网列车运行图的合理性、统一性和高效性，使路网的线路能力及各种设备的能力能够充分发挥，而且对于铁路局来说，其作为独立的经营主体，具有自主安排企业经营活动和运输资源配置的权利，可以根据自身的特点开展适合本局的营销活动，实现整个铁路运输效益的最大化。

当然，既有的两级管理模式也存在一定的问题，要实现精准化的铁路运输组织，必须建立列车运行图编制、管理、综合运用的协同工作模式。从精准化列车运行图编制方面，为实现列车运行图技术资料管理和列车运行图编制的精细化，在铁路局层面必须将铁路站段纳入列车运行图编制体系中，负责相关技术资料的维护和站段级相关作业计划的编制；从列车运行图综合运用方面，铁路所有相关单位和部门都需要掌握列车运行图编制结果，都是列车运行图的使用者。因此，从微观的实施层面，有必要构建面向国家铁路集团-铁路局-站段的三级列车运行图编制管理体系。

2.2.3　全路列车运行图编制管理中心职能设置

在 2.2.2 节中提出建立全路列车运行图编制管理中心，统筹全路列车运行图编制管理工作，列车运行图的编制是一项复杂、规模宏大、持续性的工作，因此很多与列车运行图编制管理相关的工作可以采用流程型组织结构。流程型组织是通过各项业务活动的关键环节来设置相应的人员和资源，关注组织内部跨部门流程的执行状况，利用人员之间相互配合，将组织部门的投入转变为产出以满足客户的需求。流程型组织设置注重各要素之间的相互关系，部门设置建立在组织的各种流程之上，从而确定人员的分工和完善组织的各种职能。具体地，对全路列车运行图编制管理中心的职能设置方案如下：负责列车运行图编制管理工作，包括列车运行图的编制管理政策、方针、原则、任务的确定；负责列车运行图基础数据管理及维护，包括路网基础数据管理及移动设备基础数据管理；负责市场分析调查与营销，包括市场需求分析调查、客货运输计划制订、列车开行方案制订；负责列车运行计划编制，包括基本列车运行计划编制、客货流资料收集及运行图指标分析、动态列车运行计划编制和调整；负责列车运行图模拟仿真，包括列车牵引计算、列车运行模拟；负责人员及设备计划编制，包括机车车辆及动车组交路计划编制、乘务计划编制、车站日常工作计划编制；负责计算机编图系统的管理及维护，包括计算机编图系统版本管理及信息发布、计算机编图系统的管理及维护、计算机编图人员人才培养。全路列车运行图编制管理中心职能设置如图 2.2 所示。

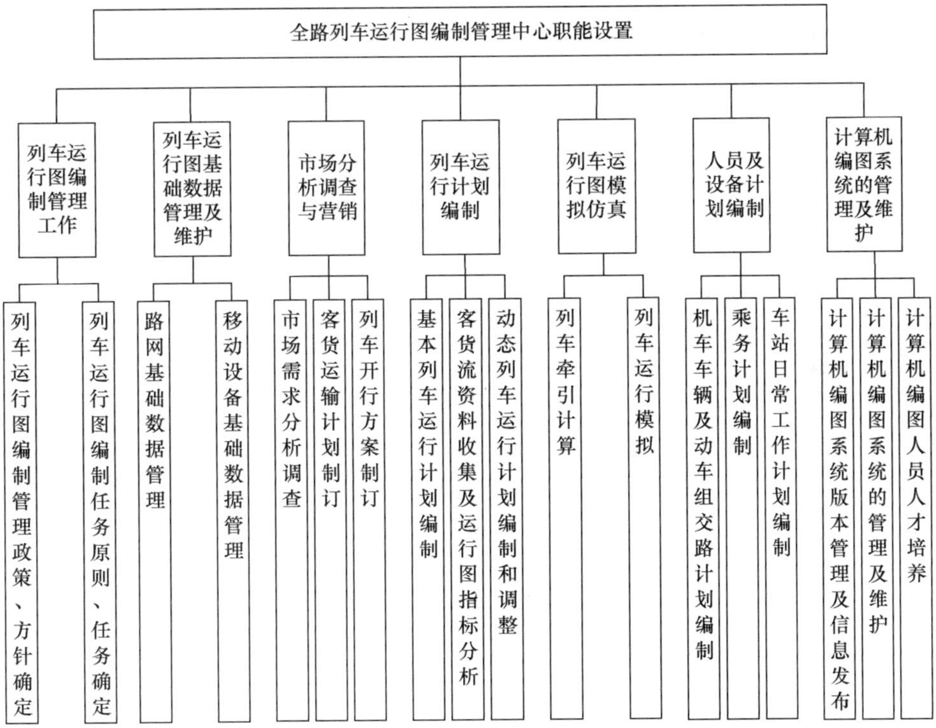

图 2.2 全路列车运行图编制管理中心职能设置

2.2.4 全路列车运行图编制管理中心机构设置

结合图 2.2 中对全路列车运行图编制管理中心的职能设置，全路列车运行图编制管理中心的机构设置如图 2.3 所示。

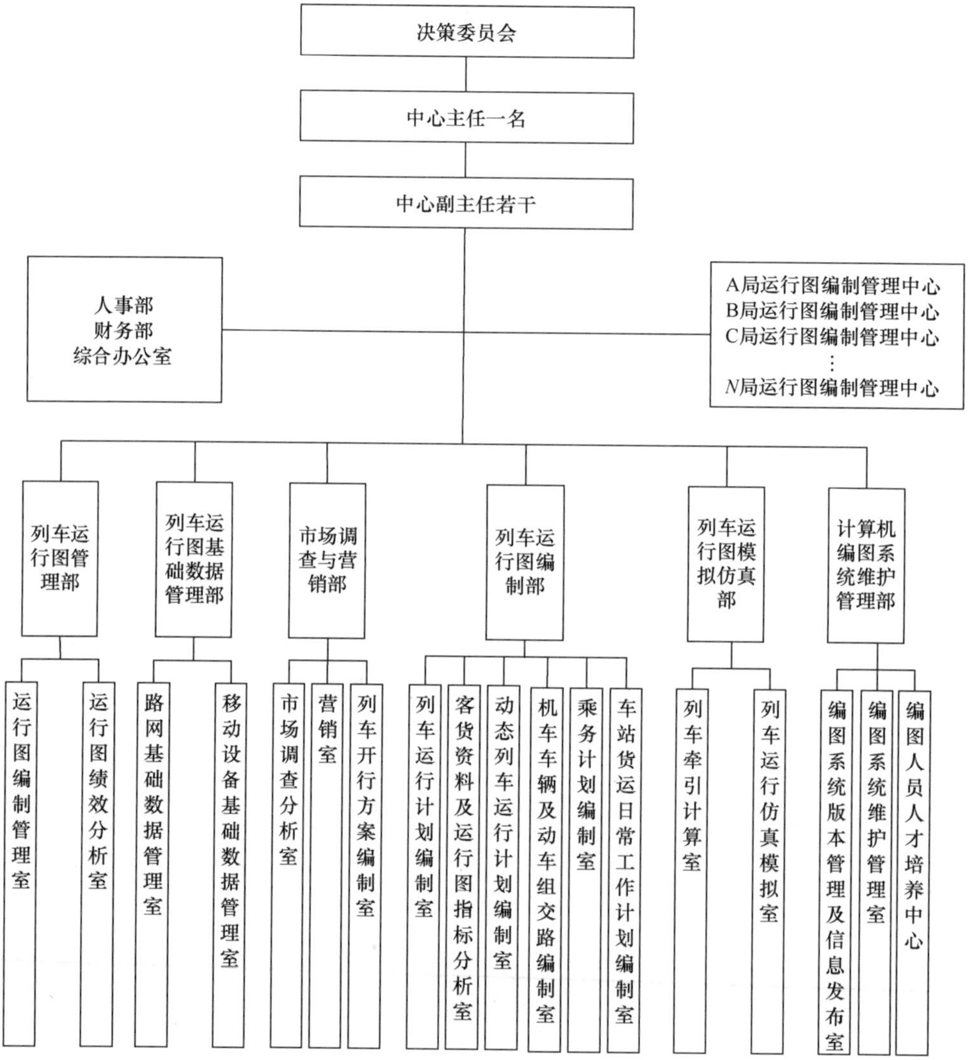

图 2.3　全路列车运行图编制管理中心机构设置

设置运行图编制决策委员会，由国家铁路集团主管领导及相关业务部门领导组成，负责列车运行图编制原则、任务、方针的确定，以及列车运行图编制相关重大技术问题和设备投资问题的处理；设置中心主任一名，统筹和领导全局工作，中心副主任若干，具体负责领导全路列车运行图编制管理中心各个部门的工作。

设置列车运行图管理部，负责各次列车运行图的管理和保存，并对编制的列车运行图进行绩效分析，总结成功的列车运行图编制经验，为今后的列车运行图编制提供技术和决策支持。

设置列车运行图基础数据管理部，下设路网基础数据管理室和移动设备基础数据管理室，负责全路各条线路、各种移动设备的管理和维护。

设置市场调查与营销部，负责进行运输市场的调查与分析，发现消费者的运输需求，从而指导运输产品的开发与定位，以推出多种形式的运输产品，加强营销及促销力度，提高铁路运输的竞争能力。同时，通过对铁路客货物运输量、运输市场客货物运输需求的深入调研、分析和预测，结合铁路运输能力及运输市场的实际需求，提出适应动态变化的运输市场的客货列车开行方案。

设置列车运行图编制部，全面负责基本列车运行图、市场导向动态列车运行图及其他与列车运行图相关的基本计划、动态实施计划的编制，主要包括机车车辆计划、动车组交路计划、乘务计划、车站日常工作计划等。

设置列车运行图模拟仿真部，下设列车牵引计算室、列车运行仿真模拟室，负责全路列车牵引计算及列车运行图仿真模拟工作。

设置计算机编图系统维护管理部，负责计算机编图系统版本管理及信息发布、列车运行图编制软件管理及维护、列车运行图编制人才培养。

另外，各铁路局设置本局列车运行图编制管理中心，职能应包括：本局客货运输市场的调查与分析、客货运输需求量的预测；本局列车运行图编制基础资料，包括路网资料以及移动设备基础资料的收集、管理、维护；本局管内列车运行线的编制与调整；本局运行图指标及实绩分析等。

第3章　市场导向动态货物列车开行方案协同编制关键技术研究

3.1　货物列车开行方案编制原理

3.1.1　货物列车开行方案的内涵

开行方案这一概念是在旅客列车中提出的，铁路旅客列车开行方案是指确定旅客列车的运行区段、开行种类、径路、开行对数及车底担当局的计划，更为细致的开行方案还包括列车的停站方案。直通旅客列车的开行方案由国家铁路集团研究有关铁路局的建议后确定，管内旅客列车开行方案由铁路局自己确定。对于货物列车，我国货物运输组织工作包括货物运输计划、货物列车编组计划与列车运行图编制计划，但在传统的组织型运输组织模式下，货物列车编组计划及列车运行图编制计划与日常货物运输计划、技术计划存在严重的脱节现象，铁路货物运输组织基本依靠调度组织进行，无法体现计划对于运输组织生产的控制作用，货物列车编组计划与列车运行图只是一个方向性的技术文件。因此，本书提出市场导向动态规划型货物运输组织方法，即在基本货物运输计划的基础上，根据运输市场实时的货物运输需求，以日常动态变化的货物运输市场需求为导向，结合日常运输生产实绩数据编制动态货物运输实施计划，包括市场导向动态货物列车开行方案、市场导向动态列车运行图及其相关作业计划的编制。

本章提出市场导向动态货物列车开行方案的内涵为：根据日常动态变化的货物运输需求，以市场需求为导向，结合货物列车编组计划进行动态车流组织工作，确定货物列车的运行区段、开行种类、编组内容、开行对数等。对于货物列车开行方案的编制，其实质为通过及时审批和受理市场货物订单，综合日常运输生产实绩数据进行动态车流汇总及推算。在此基础上，考虑车流运到期限及路网能力限制动态编制货物列车开行方案，确定货物列车的开行区段、开行种类、编组内容和开行数量等，以动态全程运输协作模式，实现直达运输和枢纽中转相结合的路网级货物列车开行方案协同编制。

本章提出市场导向动态货物列车开行方案的编制理念，但是，想要实现这种路网级的货物列车开行方案的动态编制，需要两方面的前提支撑：

(1) 空间维度，体现为需要实时地掌握全路网的车流信息，以及精准化地掌握全路网设备设施运用信息、装卸车作业等各项技术作业信息，并将这些信息全部纳入动态货物列车运行图编制系统中，以超强的信息技术手段实现对这些信息的动态管理，以此为基础，才能实现全网货物列车开行方案的编制。

(2) 时间维度，体现为计划编制的动态性，即通过以实时地掌握全路网的信息为基础，根据货物运输市场的日常动态变化需求以及路网车流的波动，在基本货物运输计划(货物列车编组计划、基本列车运行图)的基础上动态编制货物列车开行方案，实现货物运输实施计划的日常动态编制和调整。

基于此，要实现市场导向动态货物运输实施计划的编制有相当的难度，需要很强的铁路信息技术作为支撑，目前我国路网不具备完全条件。但是，随着我国路网结构的完善以及现代信息技术的不断发展，研究市场导向动态规划型铁路运输组织创新理论及技术，建立全面、迅速、准确应对市场动态变化的规划型铁路运输组织新机制，根据运输市场的日常动态变化，基于货物运到期限要求，实现铁路运输计划的日常动态化编制和精准调度指挥必然是未来铁路运输组织的发展方向。

3.1.2　货物列车开行方案编制原则

1) 满足货流随到随发、及时运输的需求

经过货物运输作业流程改进以后，中间烦琐的货物发送作业办理手续得到了简化，于是加快了货物列车的发送速度，在编制开行方案时，需要对具有及时运输需求的货物进行统计分析，根据货流的性质、流量、流向，编制能满足货流随到随发，并确保开行方案能够适应货流的实时变化。

2) 满足货物运到期限的要求

编制开行方案需要考虑货物运到期限能够得到保障。合理组织车流的集结改编工作，减少货物列车集结等待消耗，并尽量合理地编制列车在途中的停站及作业方案，缩短货物列车的旅行时间，全力保证货物的运到期限要求。如果货物列车满足开行直达列车的货源条件以及装车站与目的站都满足整列到发的条件，则可以组织开行直达列车，加快货物运输时间。然而，不能强行组织不满足开行直达条件的货物列车开行直达列车，这样不仅会造成成本增加，使货物在站集结停留时间白白流失，更可能加剧车流组织对运到期限的影响。货物列车不满足开行直达货物列车条件时，需要合理地组织列车在技术站改编以及途中站点的货物运输作业，以使货物运到期限不受影响。

3) 提高经济效益

铁路运输的最终目的是保证公共服务与经济收入达到双赢，不能仅仅为了满足货物运输需求，随意地制订货物列车开行方案，还需要考虑运输企业的收入与运行成本，合理制订开行方案，使铁路企业运输经济效益尽可能达到最大化。

3.1.3 货物列车开行方案编制影响因素

货物列车开行方案是一个十分复杂的系统，编制时，受到的影响因素很多，主要包括货流属性、线站能力、运行径路、编组辆数、运输费用和运到期限等。

1) 货流属性

货流属性包括流量、流向和流时。流量为货流的大小，流向为货流的去向，流时则为货流的时间。不同属性的货流，需要编制的开行方式不同，当货流比较大时，适合组织开行直达列车；而货流较小时，考虑运输成本，则应该选择开行在途中站点改编的列车。并且货流的大小还对列车的起讫站点、列车开行频次有影响，货流的分布情况将会决定列车的编组内容及停站改编方案。

2) 线站能力

由于设备条件的限制，线路能力和车站能力都是有限的。线路能力会影响开行区段的列车开行频次。沿途中间站的装卸作业能力大小以及到发线数目和有效长度，会直接影响列车能否组织装车地直达列车，也会影响该站接发车的能力。技术站的车场调车线数目、调车线有效长度以及各车场之间走行线的设计，都会影响技术站的改编能力，因此编组方案必须考虑各技术站的改编能力大小。

3) 车流径路

车流从始发站被输送到终到站经过的路线称为车流运行径路，简称车流径路。车流径路分为最短径路、特定径路和迂回径路三种。车流径路的选择需考虑多种因素的影响，如运输距离、运输时间、运输成本，此外，车流径路的选择还需要考虑沿途各站的通过能力、各技术站的改编能力等能否满足实际运输要求，是运输组织工作的一项重要内容。它不仅是货物列车开行方案与列车运行图编制的基础，还是铁路日常车流推算、调整、日班计划编制的重要依据。合理的车流径路规划是铁路实现高效、正点、安全生产的有力保障 。对于市场导向动态货物列车开行方案的编制，货物列车车流径路基于路网基本车流径路制定(最短径路、特定径路)，只有当路网中的某个节点或者某条线路通过能力紧张时，才考虑对相关的车流径路进行动态调整，选择其他备选径路。

4) 编组辆数

编组辆数是一列列车的编成辆数，编组辆数受牵引定数的影响，并且取决于列车开行成本和铁路经济效益。列车的开行频次就与编组辆数有关。编组辆数的大小对列车的集结等待过程有影响，集结时间的长短随着编组辆数的变化而变化，编组辆数越大，集结等待时间越长；相反，编组辆数越小，集结等待时间越短，这样，编组辆数也影响了开行方案的时效性。市场导向动态货物列车开行方案的编制，列车编组辆数的大小需要结合实际车流的状况来确定，不仅需要考虑铁路的运输成本和经济效益，还需要考虑货物的运到期限要求，因此应该根据实时的车流情况灵活地制定编组辆数，不能一味地追求“满轴”开行。

5) 运输费用

运输费用有两种形式，一种是狭义的运输费用，另一种是广义的运输费用。狭义的运输费用是指铁路作为货物运输的承运方，其组织开行不同种类的货物列车所产生到发作业费用、机车车辆使用费用、燃料使用费用、装卸作业费用、列车在技术站改编作业费用，以及货物列车的开行会占用车站、区间的能力又会产生间接的能力占用费用。广义的运输费用是指货物运输的时间成本、货物列车在途中的旅行时间成本、技术站的集结与改编消耗。开行方案的制订必须综合考虑广义的运输费用和狭义的运输费用，寻求两者均最优化的方案。

6) 运到期限

市场导向动态规划型铁路货物运输组织模式下，以保证货物运到期限为首要原则，因此运到期限应该为制订开行方案时的考虑因素之一。根据不同货物种类的运到期限差异，制订不同的列车开行方案，运到期限短、要求高的货物必须优先发送，运到期限长、要求低的货物可以延迟发送。总之，开行方案的制订必须要保证满足货物运到期限的要求[8]。

3.1.4　货物列车开行方案编制内容

从市场导向动态货物列车开行方案的内涵可以看出，市场导向动态货物列车开行方案的编制主要包括以下内容。

1. 货物列车开行区段确定

货物列车的开行区段由始发站、终到站及运行径路组成，因此确定货物列车的开行区段需要重点确定货物列车始发终到站及运行径路。

对于路网的车流，包括实时订单车流、站存车流和在途运输车流，所有的车流均具有始发站、始发局、终到站、终到局、运到期限等属性，这些属性是不随车流的运输状态和货物列车所改变的。在车流输送过程中，由于可能需要经过多个货物列车才能把车流送达目的车站，故车流的始发终到站不一定与货物列车的始发终到站相同。但是，对于同一支车流，始发列车始发站与终到列车终到站一般与车流的始发终到站相同。因此，始发列车始发站与终到列车终到站由站间车流的起讫点(OD)决定，在途中需要改编的货物列车的始发终到站需要根据车流的改编方案确定。

对于货物列车的运行径路，在基本列车运行图中，根据货物列车编组计划的规定，编制了各个区段的列车运行线。因此，对于市场导向动态货物列车开行方案中列车运行径路，可以直接根据基本列车运行图中货物列车的运行径路确定。

2. 货物列车种类划分

目前我国货物列车开行种类主要包括快运班列和普通货物列车，前文已经做了详细的阐述。在传统货物列车开行种类的基础上，根据货物列车的速度等级和运输组织特点划分市场导向动态货物列车开行方案的列车种类。

根据速度等级划分，货物列车可分为特快货物列车、快速货物列车、普速货物列车。

(1) 特快货物列车：使用最高运行速度 160 公里/小时的 25T 等专用车辆编组，原则上按不低于 2200 公里/日标准铺画列车运行图；搭载先进的信息监控系统，保证货物的安全性及货物信息的实时传输。

(2) 快速货物列车：使用符合最高运行速度 120 公里/小时开行技术标准的货车编组，原则上按不低于 1000 公里/日标准铺画列车运行图；搭载革新的装载设备，保证货物的安全性。

(3) 普速货物列车：使用按普通货车标尺运行的普通货车编组，原则上按不低于 800 公里/日标准铺画列车运行图；没有革新设备，在一般车站之间组织开行。

根据货物列车运输组织特点划分，货物列车按照有无途中改编作业可分为有途中改编作业货物列车、无途中改编作业货物列车两类。

(1) 有途中改编作业货物列车：是指在途中技术站需要解体，并且与技术站车流重新编组的列车。它的特点主要是编组灵活，集结时间短，适合不满足开行直达列车的小货流的运输。但是，这样增加了途中技术站改编作业时间，运到期限保障率比较低。

(2) 无途中改编作业货物列车：是指在整个运输途中，都不会在途经的各技术站进行解体与改编的列车。它的主要特点是运输速度快，运到期限保障率较高。但是，这种列车开行方式使得列车必须凑够“满轴”车辆数，才能开行，所集结时间长，适合货流大的运输。

3. 货物列车编组内容确定

货物列车的编组内容是指确定货物列车的编成辆数以及编组车流的来源、去向信息，是货物列车开行方案的核心内容。

具体货物列车的编组内容应包括以下几点：所编组车流包含的信息，包括车流的始发站、终到站、始发局、终到局、车流的来源及去向、辆数、承运日期、装车日期、运到期限等；货物列车包含的信息，具体包括货物列车的车次、始发站、终到站、发车时刻、到达时刻、编组辆数、牵引定数、换长等。货物列车编组内容的确定可以根据动态车流推算的结果在车站进行动态编组，也可以在选定列车的基础上挑选适合编入该列车的车流。货物列车编组辆数的确定，本书提出货物列车动态编组方法，即不固定货物列车的编组辆数，货物列车无须“满轴”开行，而是综合考虑货物的运到期限与铁路运输部门整体利益，将列车编组辆数设置为一个合理的动态值。因此，市场导向动态货物列车开行方案的编制，其编组内容的确定应当参考货物列车编组计划的内容，综合考虑货运专线各站点的货物作业能力，车流的种类、流向、流量、流程、运到期限，铁路运输部门的效益等，动态确定和调整列车的编组内容。

4. 货物列车开行对数确定

传统货物列车开行数量是指满足列车开行区段覆盖区域范围内的货流需求所需要开行的货物列车数量。将某一去向或同一方向的车流量除以该去向列车的编组辆数得到该去向货物列车的开行数量，计算公式如式(3-1)所示。市场导向动态货物列车开行方案中列车开行数量的确定，不只是确定货物列车开行数量，而是具体到确定基本列车运行图上哪些货物列车开行、哪些不开、哪些货物列车要合并开行等。因此，应首先根据车站动态车流汇总与推算的结果，按照式(3-1)计算满足列车开行区段覆盖范围内的车流量所需要的货物列车数量，然后在基本货物列车运行图中为相应的车流挑选合适数量的列车运行线。

$$f_{ij} = \frac{N_{ij}}{\bar{m}_{ij}} \tag{3-1}$$

其中，N_{ij} 为 $i \to j$ 去向的车流量(辆)；$\bar{m}_{ij}$ 为 $i \to j$ 去向列车平均编成辆数(辆)。

5. 货物列车停站方案确定

列车的停站方案主要是指列车在途中运行需要停靠的站点，包括需要改编的列车在途中改编的站点。列车停站方案的确定需要考虑货物的旅行时间、运营组织成本、运输效率以及线路通过能力等因素。合理地布置列车停靠站点，不仅可以提高运输效率，还可以降低运输成本[9]。

3.1.5　货物列车开行方案编制流程

根据前文的分析，本节确定的市场导向动态货物列车开行方案编制流程如图 3.1 所示。

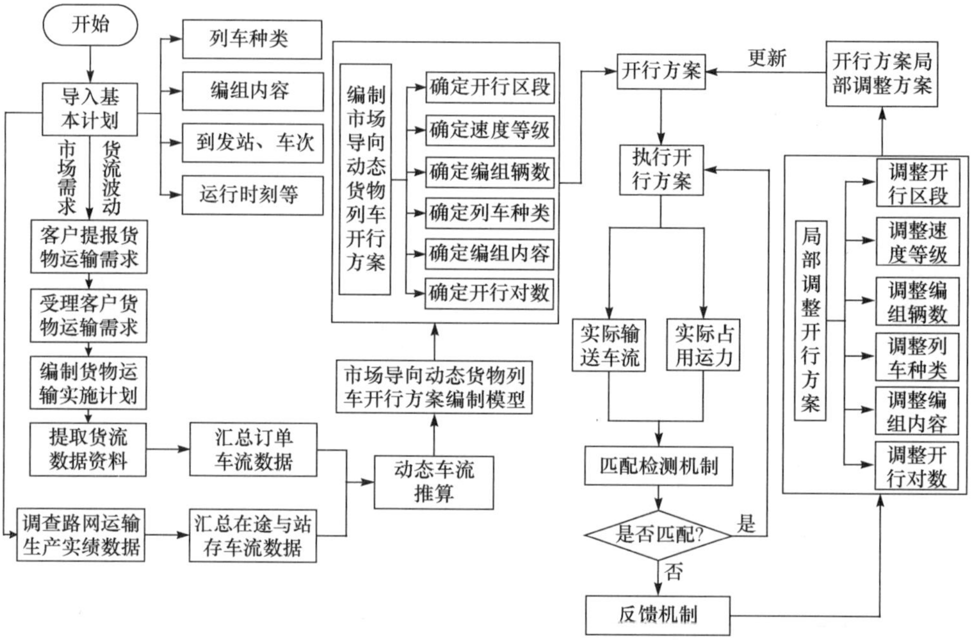

图 3.1　市场导向动态货物列车开行方案编制流程

在基本计划的基础上，根据运输市场需求的多样化和动态变化，及时受理客户实时的货物运输需求，汇总订单车流数据；同时，结合路网运输生产实绩数据，汇总在途车流与站存车流数据，在车流汇总的基础上进行动态车流推算。根据路网动态车流推算的结果，综合考虑货流属性、线站能力、运到期限、运输费用等多项因素，构建市场导向动态货物列车开行方案编制模型，确定货物列车的开行区段、速度等级、编组辆数、列车种类、编组内容、开行对数等。此外，在执行市场导向动态货物列车开行方案的过程中，系统提供反馈机制，可根据路网实时的运输状态动态调整货物列车开行方案。

3.2　货物列车开行方案编制关键问题

从货物列车开行方案编制过程与内容可以看出，市场导向动态货物列车开行方案编制的关键在于动态确定和调整车流径路、动态车流组织与推算。以下重点讨论这两个方面的内容。

3.2.1　动态调整车流径路

1. 车流径路概述

铁路车流径路的选择是铁路货物运输管理的一项重要基础工作，是铁路车流推算与调整、日班计划编制的重要依据，贯穿货物运输组织工作的始终。合理的铁路车流径路规划，准确的车辆、货物轨迹识别与追踪是指导铁路货物运输生产的关键问题。然而，路网中车辆实际径路轨迹与传统规划径路存在着不匹配、兑现率低的情况，使得相关部门难以科学、准确地优化货物运输组织[10]。因此，如何充分利用铁路信息集成平台积累的车流大数据，挖掘车辆历史径路轨迹，科学预测车辆走行径路便成为车流推算中动态车流推算需要解决的首要问题。本节主要从车流径路的分类、特点、计算方法三个方面探讨车流径路选择问题。

1) 车流径路的分类

从铁路运输组织的角度来讲，路网上车流径路主要分为最短径路、特定径路与迂回径路。

(1) 最短径路。当铁路线构成闭合的环状网络时，环上任意发到站之间必然存在着一条以上的径路，在这些平行或绕行的径路中，拥有里程最短、运输成本最少或运输时间最短的径路称为最短径路。

(2) 特定径路。路网的通过能力和节点的限制能力都是制约车流走行径路的条件，车流分布不均匀的特点也导致所有车流不可能全部按照最短径路走行。在一些特定情况下，如保温车加冰加油、阔大货物运输、符合铁路径路文件规定的特定货种及特定经由等，车辆需按照特定径路运行，因此特定径路应运而生，用以充分利用满足能力的线路与节点。

(3) 迂回径路。迂回径路是指在日常运输工作中由于某些铁路线路运营条件发生临时性变化而指定的车流径路，对按最短径路或特定径路输送的在途车流或紧急待运物资采用颁布调度命令绕道运输的方法转送到目的地。这类临时性的变化是指由于塌方、地震、施工封锁、行车事故等原因导致行车中断或者通过能力下降，并且在较短时间内难以恢复正常行车的情况。

上述三种车流径路，最短径路是基础，在其他条件相同时，只要发到站间通过能力允许，理论上都应采用最短径路，以降低运输成本，保证运输效益。同时，特定径路作为补充，与最短径路相配合，构成输送车流的正常径路。迂回径路是在调度指挥工作中进行车流调整时临时指定的经由线路，属于非正常径路。在必须采用迂回径路时，应按照迂回径路的运输能力来规定迂回运输的调整方案，尽可能减少对铁路运输秩序的干扰[11]。

2) 车流径路的特点

最短径路的确定与路网结构、线路和节点能力等因素是密切相关的，随着路网结构和规模的不断扩大,最短径路计算的复杂度和变化性也随之逐步增加。特定径路需要包含文件规定的必须遵循的经由站与经由线路，具备强制性，属于特殊情况，组织生产中需要特别注意。迂回径路的确定与调度员的经验和路网运行状况具有较大关系，在组织调度上也具有更大的灵活性，预测上也具有更大的不确定性。

3) 车流径路的计算方法

车流径路的确定受到路网规模和节点数量的影响，具体方法可分为理论计算法和生产计算法。车流径路的理论计算法主要用于计算车流的最短径路，经典的算法有 Dijkstra 算法和 Floyd 算法[12]。生产计算法则是根据日常运输生产，对车流径路的最短径路和特定径路计算相应的里程、经由分界站、编组站等关键节点及相应运费，从而给出一条唯一的径路，主要的缺点是无法给出在特殊情况下车流实际走行中常见的迂回径路，给调度部门充分了解路网车流分布情况造成了一定的困难。

2. 车流径路优化

铁路网车流径路优化问题是指在给定铁路网络、路段通过能力和货流起讫点的条件下，确定各支货流的运送径路，使之在满足铁路运输组织需求以及能力约束的前提下，实现所有车流在路网上产生的费用指标最小化。从另一方面来说，车流径路的优化即给铁路网各路段分配车流，其目的在于最大限度地满足运输需求，确保路网能力的协调运用，识别运输组织瓶颈，优化车流径路和技术站的分工布局，提高车流组织效率及指导路网扩能改造。

目前，我国许多专家学者对铁路车流径路进行了深入的研究，取得了很大的成果。但是，传统的铁路车流径路研究将所有车流视为无差别的统一体，并未从运输组织模式以及货物品类的角度对车流加以细化区分，导致车流径路的规定没有体现出车流组织模式的差异。由于铁路大宗物资所占运量比重较大，所以在车流径路规划方面往往对大宗物资车流有所侧重，对零散白货车流的考虑不够充分，所得到的车流径路方案缺乏个性化的区分和有针对性的设计。随着高速铁路的开通运营并逐渐成网，既有线部分客流转移至高速铁路，既有路网的货物运输能力得到一定释放。另外，随着我国社会的不断进步，铁路货物运输市场呈现多样化和动态化发展，铁路零散白货以及高附加值货物的运输需求不断提高，客户对于货物的运输方案、运到期限等运输服务质量的要求也不断增强。在此情况下，我国传统组织型运输组织模式下的车流径路优化方法无法满足动态变化的货物运输市场需求。基于此，本节基于市场导向动态规划型铁路货物运输组织模式，考虑货物的运到期限以及货物品类差异，研究车流径路的优化方法，为铁路提供高质量的多样化运输服务提供重要的理论参考。同时，对大宗货物车流和零散白货车流的径路进行联合优化，将大大有利于充分发挥路网的能力利用率，提高铁路的综合效益。在市场导向动态规划型铁路货物运输组织模式下，车流径路优化的关键问题主要包括以下方面。

1) OD 车流

车流 OD 即车流的起讫点，根据车流的起讫点、流向以及车流的运到期限，可将铁路 OD 车流大致划分为以下三类：

(1) 快运车流。快运货物对运输服务质量和运到期限的要求较高，主要采取快运班列的形式进行运输。通常情况下，快运班列的等级较高，需要安排特定的运输径路与始发终到时间，在运输能力的使用方面具有较高的优先权。

(2) 直达车流。对于 OD 间流量较大、能够支撑始发直达列车稳定开行的车流，一般组织开行始发直达列车。此类车流在技术站或装车地即可编组成列，无须在沿途编组站进行改编作业，所以对其车流径路进行规划只需考虑常规的径路唯一性约束，主要包括技术直达车流与装车地始发直达车流。

(3) 零散技术车流。此类车流日均流量较小，不足以组织开行始发直达列车，且对时效要求相对较低，在车流组织时需将其输送至前方相邻技术站，按照沿途相关技术站编组计划要求，经过若干次改编直至送达目的地。由于在车流组织过程中，若发站不同而到站相同的技术车流在路网某一技术站汇合，则将此多股车流合并为一股车流，不再拆散[13]。

2) 货物品类

不同货物品类的货物可能需要不同的径路进行运输，如特种货物需要特殊径路进行运输，部分货物需要采用特殊的装载加固措施且可能存在超限情况，也需要通过特殊径路进行运输。

3) 路段能力

在车流径路的选择时，理论上应选择车流始发站到终到站的最短径路，但是由于受到路网点(车站通过能力、车站改编能力)、线(区间通过能力)能力的限制，不得不挑选其他径路代替最短径路，由此产生了车流径路的优化问题。

4) 货物运到期限

在既有运输组织模式下，我国规定货物列车必须满轴开行，但车流的产生和集结具有很大的不确定性，导致在日常运输生产过程中无法按照规定的列车运行图运行，无法保障货物的运到期限。但是，随着我国社会的不断进步与发展，铁路客户对于铁路货物运输服务质量的要求不断提高，在进行车流径路优化时，必须将货物的运到期限作为限制条件，以满足动态变化的货物运输市场需求。

3. 车流径路优化数学模型

定义路网 $G=(V, A)$，其中 V 为路网中的支点站集合，此处支点站为易于标定路网车流走行径路的车站，如衔接三个以上方向的车站；A 为路网支点间的有向弧集合，此处将路网中的任意区段(单线或复线)拓展为上下行两条有向弧，每一条弧均具有权重和能力两个属性，弧权重等于区段广义里程，弧能力即区段的输送能力。对于路网 G 中的任意一条弧 $(i, j) \in A$，$i, j \in V$，定义 l_{ij} 为弧的广义里程，c_{ij} 为弧 (i, j) 的输送能力，v_{ij} 为经流量分配得到的弧 (i, j) 的流量负荷。

设定 N 为直达车流集合，F 为零散技术车流集合；另设 n_{st} 为直达车流 $s \to t$ 的流量，$n_{st} \in N$，f_{st} 为零散技术车流 $s \to t$ 的流量，$f_{st} \in F$。$T_{n_{st}}^{期}$ 为 $s \to t$ 直达车流的运到期限，$T_{f_{st}}^{期}$ 为 $s \to t$ 零散技术车流的运到期限，设所有货车的平均装车时间为 $t_{装}$，平均卸车时间为 $t_{卸}$，技术站中转作业平均停留时间为 $t_{中}$。

定义决策变量如下：

$$x_{ij}^{st} = \begin{cases} 1, & 直达车流 n_{st} 经过弧 (i, j) \\ 0, & 其他 \end{cases} \tag{3-2}$$

$$y_{ij}^{st} = \begin{cases} 1, & 零散技术车流 f_{st} 经过弧 (i, j) \\ 0, & 其他 \end{cases} \tag{3-3}$$

由于零散技术车流具有树形径路约束，设置辅助决策变量：

$$z_{it}^{j} = \begin{cases} 1, & 由 i 发出终到 t 的零散技术车流经过的第一条弧为 (i, j) \\ 0, & 其他 \end{cases} \tag{3-4}$$

模型的目标函数以路网车流总的走行公里最小为目标，目标函数如下：

$$\min Z = \sum_{i, j \in A} l_{ij} v_{ij} \tag{3-5}$$

基于市场导向动态规划型铁路货物运输组织模式，考虑节点流量平衡约束、零散技术车流树形径路约束、零散技术车流决策变量的关联约束、车流运到期限约束、路网区段能力约束五个方面，建立模型的约束条件如下。

(1) 节点流量平衡约束：

$$\sum_j x_{ij}^{st} - \sum_j x_{ji}^{st} = \begin{cases} 1, & i = s \\ 0, & i \neq s, i \neq t, \forall n_{st} \in N \\ -1, & i = t \end{cases} \tag{3-6}$$

$$\sum_j y_{ij}^{st} - \sum_j y_{ji}^{st} = \begin{cases} 1, & i = s \\ 0, & i \neq s, i \neq t, \forall f_{st} \in F \\ -1, & i = t \end{cases} \tag{3-7}$$

以上两式分别表示直达车流和零散技术车流在路网节点的流量平衡约束，两式采用流量平衡的思想，始发站发出一组车流，表达为“1”；终到站接收一组车流，表达为“－1”；非始发终到的途经站发出和接收的车流相互抵消，表达为“0”。同时，“1”和“ −1”的取值也表明路网中任意两点间的车流径路选择具有唯一性。

(2) 零散技术车流树形径路约束：

$$\sum_{j:(i,j)\in A} z_{it}^{j} = 1, \quad \forall f_{st} \in F \tag{3-8}$$

式(3-8)表示任意一股由 i 点发出(包括由 i 点始发或经由 i 点)终到 t 点的零散技术车流只能选择一个前方站，即只选择 1 条运输径路，由此形成树形径路约束的模型表达。

(3) 零散技术车流决策变量的关联约束：

$$\sum_s y_{ij}^{st} \leqslant K \cdot z_{it}^{j}, \quad \forall f_{st} \in F \tag{3-9}$$

其中，K 为一足够大的正数。根据式(3-9)，若 z_{it}^{j} 为 1，则 y_{ij}^{st} 才有可能为 1，若 z_{it}^{j} 为 0，则 y_{ij}^{st} 必然为 0，建立了两个决策变量的关联关系，使零散技术车流同时满足节点流量平衡约束与零散技术车流树形径路约束。

(4) 车流运到期限约束：

$$\frac{1}{24}\left(n_{st} t_{\text{装}} + \sum_{n_{st}\in N} n_{st} t_{\text{中}} + \frac{\sum L_{ij}}{v_{\text{技}}} + n_{st} t_{\text{卸}} \right) \leqslant T_{n_{st}}^{\text{期}}, \quad \forall n_{st} \in N \tag{3-10}$$

$$\frac{1}{24}\left(f_{st} t_{\text{装}} + \sum_{n_{st}\in N} f_{st} t_{\text{中}} + \frac{\sum L_{ij}}{v_{\text{技}}} + f_{st} t_{\text{卸}} \right) \leqslant T_{f_{st}}^{\text{期}}, \quad \forall f_{st} \in F \tag{3-11}$$

以上两式分别表示直达车流和零散技术车流的运到期限约束，车流在运送的过程中，主要包括始发终到站装卸车货物作业时间、中转技术作业时间与纯运行时间，总旅行时间不应超过车流规定的运到期限。

(5) 路网区段能力约束：

$$v_{ij} = \sum_{n_{st} \in N} n_{st} x_{ij}^{st} + \sum_{f_{st} \in N} f_{st} y_{ij}^{st} \leqslant c_{ij}, \quad \forall (i,j) \in A \tag{3-12}$$

将路网中的任意一条区段化为一条有向弧 (i,j)，弧 (i,j) 的流量由经过该区段的直达车流与零散技术车流之和，其总的车流量不应该超过该区段的能力上限。

3.2.2　动态车流组织与推算

1. 车流变化过程分析

1) 车流的分类

按照不同的标准可对车流进行不同划分，例如，根据货车装载货物的情况可将车流分为重车车流(装有货物)与空车车流(没有装载货物)，根据运距的长短分为短程车流与长程车流等。根据列车编组需要，通常需要掌握车流的分布状态，此时根据车流在路网的分布状态还可将车流分为点上车流和线上车流[14]。

路网上的车流一般都有两种分布状态，即随列车在区间运行的车流(线上车流)和停留在车站(包括在车站进行技术作业)的车流(点上车流)。点上车流根据车流的作业情况不同分为中转车流和本站车流，中转车流中的货车根据在车站是否进行改编作业分为有调中转车和无调中转车，本站车流中只装不卸和只卸不装的货车称为一次货物作业车，卸后又装的货车称为双重货物作业车。路网上车流分类示意图如图 3.2 所示。

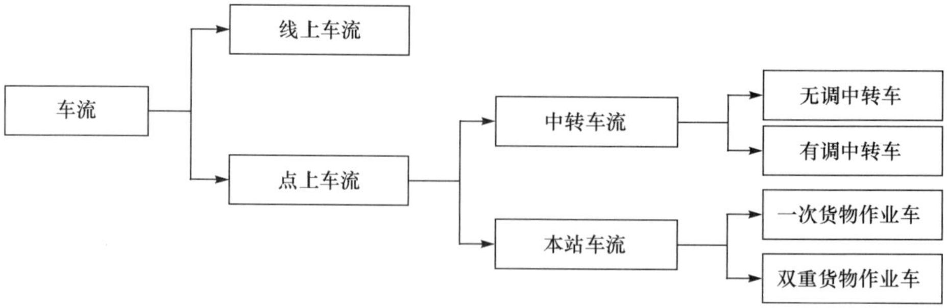

图 3.2　路网上车流分类示意图

2) 车流在车站的变化过程分析

车站对于各种车流的处理流程是不同的，即针对不同的车流，在车站有不同的变化过程，车站对于不同车流办理技术作业的程序称为车站技术作业过程。图 3.3～图 3.5 为上述各种货车车流在技术站的技术作业过程图。而车流的变化过程，即车流随着各种列车(主要有无改编中转列车、部分改编中转列车、到达解体列车、自编始发列车)到达车站后，在车站进行相应的技术作业之后，又从车站出发的过程。

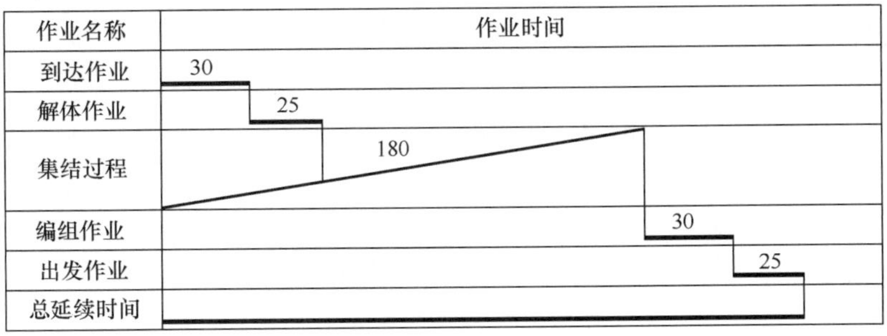

图 3.3　有调中转车技术作业过程图(单位：分钟)

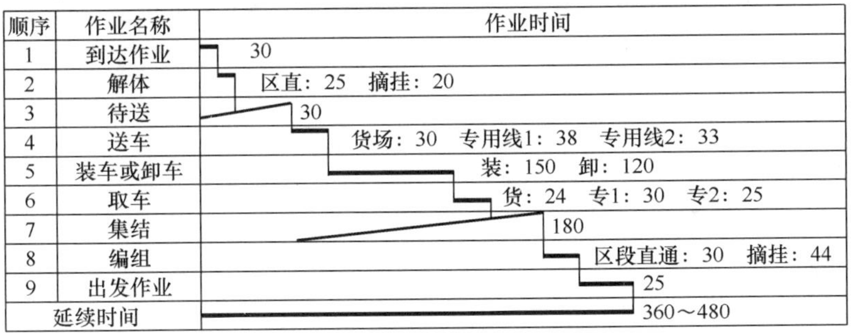

图 3.4　一次货物作业车技术作业过程图(单位：分钟)

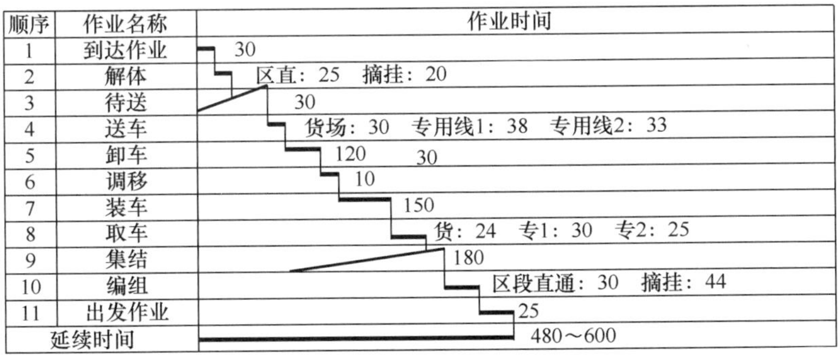

图 3.5　双重货物作业车技术作业过程图(单位：分钟)

货车完成一次周转所消耗的时间可以分为以下三个部分：

(1) 在各区段的旅行时间 $T_{旅}$；

(2) 在各技术站进行中转作业的停留时间 $T_{技}$；

(3) 在货物装卸站的停留时间 $T_{货}$。

其中，$T_{旅}$ 包含货车随列车在线路区间的纯运行时间和在区段内中间站的停留时间，可以通过列车运行图直接获取；$T_{技}$ 包括有调中转时间和无调中转时间，无调中转时间在列车运行图上体现为某一无改编列车在技术站的停留时间，有调中转时间包含改编作业的基本时间消耗和待解、待编等一系列在技术站的非生产滞留时间；$T_{货}$ 包含列车始发站的装车时间、取车时间，以及列车终到站的送车时间、卸车时间等[11]。

若要准确预判出每一辆货车在未来任意时间点所处或可能所处的作业状态，首先需了解货车周转过程中的作业流程。明确了各项作业的接续关系，即可根据货车当前的状态，随着时间的推移依次推断未来一段时间内货车的时空位置及作业环节。

货车周转过程为一个循环过程。当车辆随列车到达技术站后，经过列车解体，远程中转车流将在调车场进行集结等待，而终到本地的重(空)车辆将被送到相应的货物运输站点进行卸(装)车作业。此处，若本站既有重车的到卸作业又有装车任务且车种适宜，则可利用卸后空车直接装车，即双重货物作业。当重车卸车完毕或空车装车完毕后将被取回至技术站，按照去向分别溜放至固定的调车股道集结等待，当集结车数满足一定要求时进行相应的编组作业形成列车并出发。而后车辆随列车再次到站解体后，重复上述作业流程。

2. 动态车流协同推算方法

车流推算主要是对重车、空车、管内工作车、移交车等车流的推算。传统的车流预测方法是根据国家铁路集团下达给各铁路局的车流计划，推算未来 12 小时的车流，并以此为基础形成班计划，车站依照班计划制订未来 3 小时的阶段计划。本节提出动态车流推算方法，车流来源主要包括三部分，即日常货物运输订单包含的车流(订单车流)、路网在途运输的车流(在途车流)和站存车流，如图 3.6 所示。通过对日常货物运输市场的运输需求进行及时的审批及受理，生成货物运输订单，即可纳入路网车流集合，进行动态车流推算。

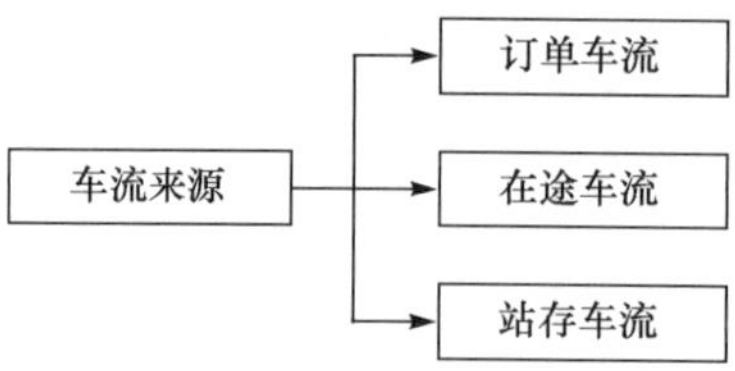

图 3.6　车流来源

本节针对日常货物运输需求提出全路车流动态推算方法，在传统车流推算的基础上考虑日常订单车流信息，以应对动态变化的货物运输需求，实现全路网的动态车流协同推算，凡是有货物列车始发的车站均需要进行动态车流协同推算,具体过程如图 3-7 所示。

1) 车流汇总

路网基本车流径路查定后，根据货物列车编组计划的规定，确定各支车流可编入的车流组号和列流。通过设置车流汇总时间，按照车流的来源可进行订单车流汇总、在途车流汇总以及站存车流汇总，得到全路各车站车流汇总结果。根据车流汇总结果，可以清楚地了解车流的车种、车站或车次、状态、始发站、始发局、终到站、终到局、辆数、承运日期、装车日期、运到期限等指标。

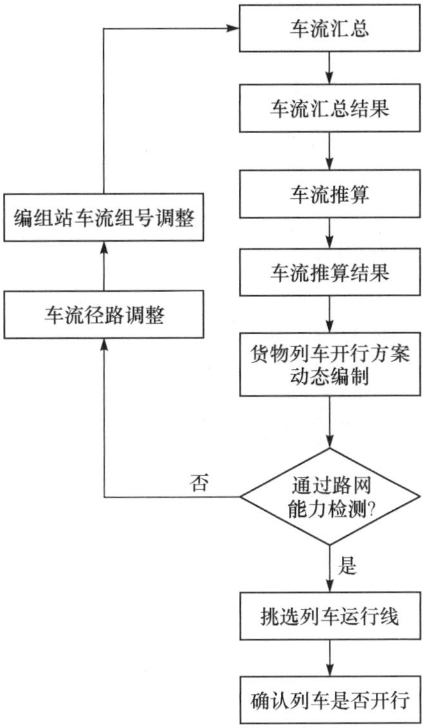

图 3-7　动态车流协同推算过程

2) 车流推算

在车流汇总结果的基础上，针对所设置的车流推算日期以及需要进行车流推算的车站(货物列车始发站),对全路的车流进行推算，得出全路各车站车流推算的结果。通过动态车流汇总及推算，可以实时动态预测所选时段内车站的车流动态，明确车站各支车流的流量、流向、始发终到站、运到期限以及可以编入的车流组号和列流，进而动态编制和调整货物列车开行方案。

3) 货物列车开行方案动态编制

根据车流推算的结果，动态编制车站货物列车开行方案。此时，出发列车的编组内容不仅要考虑车流的车种、运输状态、始发终到站、车流的来源和去向等因素，同时还要考虑车流的运到期限。通过实时导入货物运输市场的订单数据进行车流汇总和推算，对列车进行动态编组，实现车站货物列车开行方案的动态编制。而列车在车站的编组也十分灵活，可以以多种形式编制车站之间的货物列车开行方案，也可以灵活加入或取消实时的货物运输市场的订单车流以及在途运输车流，列车编组辆数可根据货物的属性与运到期限设置一个动态范围，不必遵循传统的满轴开行原则。

4) 车流径路调整

在编制货物列车开行方案的过程中，需要对路网能力进行检测，在一般情况下，路网能力满足需求，车流组织工作均按照基本车流径路(最短径路、特定径路、迂回径路)进行动态车流汇总和推算。若出现通过某一节点或某一线路通行能力紧张的情形，则需要动态调整相关车流的车流径路，并调整编组站车流组号，再重新进行车流汇总和车流推算，编制货物列车开行方案。

对于编组站车流组号，一方面，车流径路调整情形出现较少，另一方面，调整后的车流径路中一般也具备相应的同方向车流，因此一般不会因为车流径路调整而导致车流组号大量增加的情形。但是，由于实时地汇入市场订单车流数据，而且需要考虑车流的运输时效性要求，因此相对于传统运输计划，编组站的车流组号集合将比以前更大。

5) 挑选列车运行线，确认列车是否开行

根据货物列车开行方案的编制结果，在基本列车运行图上动态挑选列车运行线，以确认列车开行的形式，将车流从一个车站推算到下一个车站。由于车流推算是在全路范围内进行的，需要全路车站协同进行，同时由于引入了订单车流，实现了将货物运输市场实时的动态货流转变为动态车流，并实时地汇总到全路车流信息中，在编制货物列车开行方案时也可采用多种形式编制各车站之间的列车开行方案，实现对列车进行动态编组，并考虑了货物的运到期限条件，从而满足了客户对货物运输时效性的要求。

3.3 货物列车开行方案编制问题的数学模型

3.3.1 模型构建思路

基于动态列车运行图的货物列车开行方案编制主要是为了确定货物列车的开行区段、列车编组内容、列车开行频次、列车开行等级及列车停站方案等。这些内容是车流组织分析里面的重要因素，故本节考虑建立路网上的车流组织模型来求解货物列车开行方案。路网是由诸多车站以及连接各个车站的线路组成的，其中，路网上的车站包括了中间站、区段站和编组站等。路网上的车流根据车站始发地可以分为装车站始发车流、技术站始发车流(为了讨论方便，后面模型中简称技术车流)。为了方便区分两种车流，本节构建两组决策变量 x_{st}^{μ}、x_{st}^{P}，y_{ij}^{μ}、y_{ij}^{P} 分别表示两种车流装车站始发车流和技术站始发车流的直达、改编开行方案。

本节模型综合考虑车流集结改编消耗与铁路运输部门的效益，但在实际运营时，两者之间存在相互博弈的关系，如果过分注重铁路运输部门的运营效益，可能造成车流长时间在车站停留，增加车流集结改编车小时消耗，无法保障货物的运到期限。故模型构建以两者为目标，不仅可以减少车流在站停留时间，保证货物以较快的速度送达，保证货物的运到期限，提高铁路运输的效率和服务质量，还能使机车、车辆得到更好的运用，保证铁路良好的经济效益。

模型构建需要考虑的约束条件主要包括方案唯一性约束条件、改编能力约束条件、车流合并的必要条件。由于动态列车运行图编制特别强调计划的时效性，故这里将货物的运到期限加入模型的约束条件之中，以保证货物的运到期限。货物列车开行方案编制模型如图 3.8 所示。

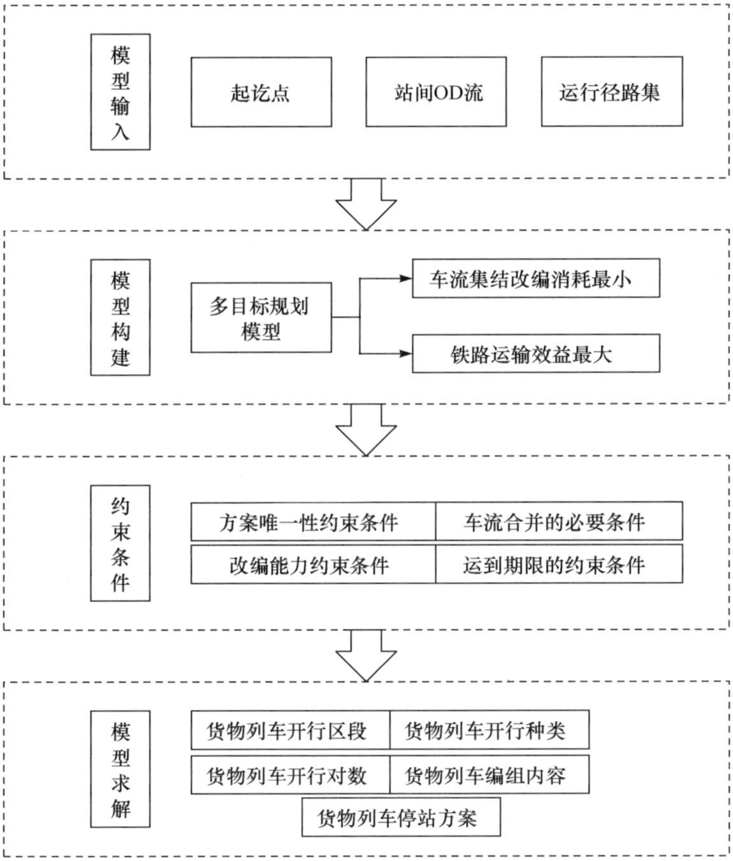

图 3.8　货物列车开行方案编制模型

3.3.2　模型构建

1. 问题网络描述

定义一个物理网络 $G=(S,E)$，其中 $S=\{s_i \mid i=1,2,\cdots,n\}$ 为所有车站集合(包括技术站)，$E=\{e_{ij} \mid i=1,2,\cdots,n; j=1,2,\cdots,n\}$，其中 e_{ij} 表示站点 s_i 到 s_j 的有向弧，用 l_{ij} 表示弧的长度，即点 s_i 到 s_j 的距离。假如站点 s_i 与 s_j 不相邻，则 $e_{ij}=\infty$，

一般 $e_{ij}=e_{ji}$ ，若 $i=j$ ，则 $e_{ij}=0$ 。

定义一个集合 $S'=\{s_i' \mid i=1,2,\cdots,n\}$ 表示路网上所有技术站的集合，定义前方站集合 $V(i)=\{v(i),i\in S'\}$ ，其中 $v(i)$ 表示技术站 i 之前的所有车站集合，定义集合后方站集合 $U(i)=\{u(i),i\in S'\}$ ，其中 $u(i)$ 表示技术站 i 之后的所有车站集合。这样，在集合 $S=\{s_i \mid i=1,2,\cdots,n\}$ 中，除了技术站集合以外的车站全为不具有改编条件的装车站与卸车站。

2. 优化目标

1) 车流集结与改编消耗最小

从装车站 s 发往卸车站 t 的非零始发车流记为 q_{st} ，路网上所有非零始发车流构成集合 Q ，有

$$Q=\left\{q_{st} \mid s\in S,s\notin S',t\in S,t\notin S'\right\} \tag{3-13}$$

设非零始发车流 q_{st} 的所有可能开行方案构成集合 $M(s,t)$,这里隐含着 $M(s,t)$ 不包含车流 q_{st} 采用直达卸车站方案的假定。并用集合 P_{st} 描述点 s 、t 之间的可选径路集：

$$P_{st}=\left\{p_{st}^{\mu} \mid s\in S,s\notin S',t\in S,t\notin S'\right\} \tag{3-14}$$

p_{st}^{μ} 表示装车站 s 和卸车站 t 之间的第 μ 条路径。对于始发车流用决策变量 x_{st}^{μ} 、 x_{st}^{P} 表示如下：

$$x_{st}^{\mu}=\begin{cases}1, & \text{车流}q_{st}\text{沿径路}p_{st}^{\mu}\text{开直达货物列车至卸车地}\\ 0, & \text{其他}\end{cases} \tag{3-15}$$

$$x_{st}^{P}=\begin{cases}1, & \text{车流}q_{st}\text{采用开行方案}P\text{至目的地}\\ 0, & \text{其他}\end{cases} \tag{3-16}$$

其中， $P=\{\mu,k\}$ ，这里 μ 为径路 p_{st}^{μ} 的标号，用 l_{st}^{μ} 表示径路 p_{st}^{μ} 的距离； k 表示始发车流在 k 站改编。

由于始发车流 q_{st} 在途中技术站解体后，将并入相关的技术车流，因此各装车地的始发车流在 i 站解体的部分归结为 i 站的技术车流。为此，把由 i 站发往 j 站的技术车流进行修正，记为 N_{ij} ，则

$$N_{ij}=n_{ij}+\sum_{s\in V(i)} q_{st}x_{st}^{(\mu,i)} \tag{3-17}$$

对于修正后的技术车流，用决策变量 y_{ij}^{μ} 、 y_{ij}^{P} 表示如下：

$$y_{ij}^{\mu}=\begin{cases}1, & \text{车流}N_{ij}\text{沿径路}p_{ij}^{\mu}\text{开直达货物列车至}j\text{站}\\0, & \text{其他}\end{cases} \tag{3-18}$$

$$y_{ij}^{P}=\begin{cases}1, & \text{车流}N_{ij}\text{采用开行方案}P\text{运至}j\text{站}\\0, & \text{其他}\end{cases} \tag{3-19}$$

与始发车流方案集不同，这里用 $M(i,j)$ 表示技术车流沿所有可能径路的所有可能改编方案集合。同样，这里隐含着 $M(i,j)$ 不包含车流 N_{ij} 采用技术直达方案的假定。$P=\{\mu,k\}$ ，这里 μ 为径路 p_{ij}^{μ} 的标号，用 l_{st}^{μ} 表示径路 p_{ij}^{μ} 的距离；k 表示技术车流在 k 站改编。

本节只考虑一次改编的情况，故当一支改编车流 N_{xj} 采用开行方案 P ， x 属于 i 站的前方站，并且该支车流在 i 站改编时，将并入 N_{ij} 车流，则实际车流 N'_{ij} 为

$$N'_{ij}=N_{ij}+\sum_{\mu}\sum_{x\in V(i)}N_{xj}y_{ij}^{(\mu,i)} \tag{3-20}$$

另外，当一支改编车流 N_{ix} 采用开行方案 P ， x 属于 j 站的后方站，并且该支车流在 j 站改编时，则该支车流会对编组去向 $i\to j$ 有贡献。于是，编组去向 $i\to j$ 所吸引的车流强度记为 φ_{ij} ，则

$$\varphi_{ij}=\sum_{\mu}N'_{ij}y_{ij}^{\mu}+\sum_{\mu}\sum_{x\in V(i)}N_{ix}y_{ix}^{(\mu,j)} \tag{3-21}$$

设 T_{ij} 表示编组去向 $i\to j$ 开行技术直达货物列车时在编组站的集结时间，计算如下：

$$T_{ij}=c_{ij}m_{ij} \tag{3-22}$$

其中，c_{ij} 为 $i\to j$ 去向列车在编组站的集结参数；m_{ij} 为 $i\to j$ 去向的列车平均编成辆数。路网上技术站产生的车辆集结小时总消耗可以表示为 Z_T ，有

$$Z_T=\sum_{i,j}T_{ij}I(\varphi_{ij}) \tag{3-23}$$

其中， $I(\varphi_{ij})$ 为阶跃函数，定义如下：

$$I(\varphi_{ij})=\begin{cases}0, & \varphi_{ij}=0,\forall i,j\in S'\\1, & \varphi_{ij}>0,\forall i,j\in S'\end{cases} \tag{3-24}$$

其中，阶跃函数 $I(\varphi_{ij})$ 的意义为：当车流强度 φ_{ij} 为零时，表示编组去向 $i\to j$ 的车流为改编车流，无集结消耗，故阶跃函数 $I(\varphi_{ij})$ 的值为 0；当车流强度 φ_{ij} 大于零时，表示编组去向 $i\to j$ 的车流为直达车流，产生集结消耗，故阶跃函数

$I(\varphi_{ij})$的值为 1。

当车流 N_{ij} 不开直达货物列车时，在途中将产生改编消耗，设 z_k 为 k 站的平均中转改编车流小时消耗，则路网上技术站产生的车辆改编中转小时总消耗 Z_R 为

$$Z_R = \sum_{k \in S'} z_k \left(\sum_{i \in V(k)} \sum_{j \in U(k)} N'_{ij} y_{ij}^{(\mu,k)} \right) \tag{3-25}$$

这样，整个路网上所有车流产生的集结改编总消耗为

$$Z_1 = Z_T + Z_R = \sum_{i,j} T_{ij} I(\varphi_{ij}) + \sum_{k \in S'} z_k \left(\sum_{i \in V(k)} \sum_{j \in U(k)} N'_{ij} y_{ij}^{(\mu,k)} \right) \tag{3-26}$$

2) 铁路运输效益最大

铁路经济效益为铁路运输收入除去开行列车的成本、沿途作业费用后剩下的利润。因为车流已知，假设每辆列车全部满载货物，则铁路的运输收入为定值，铁路的运输收入为

$$Z_S = \sum_{i \in S'} \sum_{j \in S'} c_{收入} N'_{ij} \bar{q} l_{ij} + \sum_{s \in S} \sum_{t \in S} c_{收入} q_{st} \bar{q} l_{st} \tag{3-27}$$

其中，$c_{收入}$ 为铁路单位运价，$\bar{q}$ 为平均每辆货车装载的货物重量。因为技术车流 N'_{ij} 和装车地始发车流 q_{st} 均为已知量，故铁路总收入为定值，在目标函数中可以省去，简化成铁路运输成本最小。铁路运输成本包括开行列车的成本以及沿途作业费用。计算开行列车的成本，需要知道每个去向的开行列车的对数，实际上每个去向的开行列车对数即直达列车的对数，则每个去向的开行列车对数为

$$M = \frac{N'_{ij} \sum_{\mu} y_{ij}^{\mu}}{\bar{m}_{ij}} \tag{3-28}$$

于是，开行列车的成本 Z_{C_1} 为

$$Z_{C_1} = \sum_{i \in S'} \sum_{j \in S'} \frac{c_{固定} N'_{ij} \sum_{\mu} y_{ij}^{\mu}}{\bar{m}_{ij}} \tag{3-29}$$

其中，$c_{固定}$ 为开行列车的固定成本，$\bar{m}_{ij}$ 为 $i \to j$ 去向的平均编成辆数。

而沿途作业费用包括装卸费用和沿途技术站的调车作业费用，同运输收入一样，在装车地始发车流和技术车流已知的情况下，装卸费用为定值，故不需要考虑。只需考虑沿途技术站作业费用即可，沿途技术站作业费用与技术站改

编车流有关，故沿途作业费用为

$$Z_{C_2} = \sum_{k \in S'} z_{作业} \left(\sum_{i \in V(k)} \sum_{j \in U(k)} N'_{ij} y_{ij}^{(\mu,k)} \right) \tag{3-30}$$

这样，铁路经济效益为

$$\begin{aligned} Z_W = Z_S - Z_{C_1} - Z_{C_2} &= \sum_{i \in S'} \sum_{j \in S'} c_{收入} N'_{ij} \overline{q} l_{ij} + \sum_{s \in S} \sum_{t \in S} c_{收入} q_{st} \overline{q} l_{st} \\ &- \sum_{i \in S'} \sum_{j \in S'} \frac{c_{固定} N'_{ij} \sum_{\mu} y_{ij}^{\mu}}{\overline{m}_{ij}} - \sum_{k \in S'} z_{作业} \left(\sum_{i \in V(k)} \sum_{j \in U(k)} N'_{ij} y_{ij}^{(\mu,k)} \right) \end{aligned} \tag{3-31}$$

考虑到铁路运输收入为定值，可以将目标函数简化为铁路运输总成本最小，即

$$Z_2 = Z_{C_1} + Z_{C_2} = \sum_{i \in S'} \sum_{j \in S'} \frac{c_{固定} N'_{ij} \sum_{\mu} y_{ij}^{\mu}}{\overline{m}_{ij}} + \sum_{k \in S'} z_{作业} \left(\sum_{i \in V(k)} \sum_{j \in U(k)} N'_{ij} y_{ij}^{(\mu,k)} \right) \tag{3-32}$$

3. 约束条件

1) 方案唯一性约束

对于技术车流 N_{ij}，要么沿某条路径开直达货物列车至 j 站，要么采用途中技术站改编的方式开往 j 站，因而存在方案唯一性约束条件：

$$\sum_{\mu} y_{ij}^{\mu} + \sum_{P \in M(i,j)} y_{ij}^{P} = 1 \tag{3-33}$$

同理，对于始发车流 q_{st} 同样存在方案唯一性约束条件。这里考虑到实际运输过程中，当始发车流 q_{st} 是小车流时，一般采用运至前方技术站与技术车流合并，故当 q_{st} 是小车流时，变量 x_{st}^{μ} 的值为 0，变量 x_{st}^{P} 的值为 1。对此，定义一个变量 I_{st} 来区分大小车流：

$$I_{st} = \begin{cases} 1, & 若 q_{st} > \overline{m}_{st}, 且 \overline{m}_{st} < m_{st} \\ 0, & 否则 \end{cases} \tag{3-34}$$

其中，$\overline{m}_{st}$ 为直达去向 $s \to t$ 的平均编成辆数，m_{st} 为允许密集装卸车数，当始发车流为小车流 q_{st} 小于去向 $s \to t$ 的平均编成辆数或者当去向 $s \to t$ 的平均编成辆数大于装卸站的允许密集装卸车数时，则不具备开直达列车的条件，I_{st} 变量值为零，故不存在直达变量 x_{st}^{μ}。综上，始发车流方案唯一性约束条件为

$$I_{st} \sum_{\mu} x_{st}^{\mu} + \sum_{P \in M(s,t)} x_{st}^{P} = 1 \tag{3-35}$$

2) 改编能力约束

技术站改编能力是限制路网上车流开行方案的重要因素，技术站改编能力是由车站编组设备的综合因素决定的，技术站的实际改编能力有上限，不能超过技术站的设计改编能力。在技术站 k 改编的车流 f_{ij} 为

$$f_{ij}=\sum_{\mu}\sum_{i\in V(k)}\sum_{j\in U(k)}N'_{ij}y_{ij}^{(\mu,k)} \tag{3-36}$$

设技术站 k 的最大改编能力为 M_k，则技术站改编能力约束为

$$f_{ij}=\sum_{\mu}\sum_{i\in V(k)}\sum_{j\in U(k)}N_{ij}y_{ij}^{(\mu,k)}<M_k \tag{3-37}$$

3) 车流合并的必要条件

如果车流 N_{ij} 不开行直达货物列车，而是开行在技术站 k 改编的改编列车，那么显然存在由 i 站开往 k 站的直达列车，即 $y_{ik}^{\mu}=1$。因此，当 $y_{ik}^{\mu}=0$(不存在由 i 站开往 k 站的直达列车)时，$y_{ij}^{(\mu,k)}$ 只能取 0；而当 $y_{ik}^{\mu}=1$(存在由 i 站开往 k 站的直达列车)时，$y_{ij}^{(\mu,k)}=0$ 或 1。因此将车流合并入径路中其他到站车流中的前提条件为

$$y_{ik}^{\mu}-y_{ij}^{(\mu,k)}\geqslant 0 \tag{3-38}$$

4) 运到期限的约束

根据铁路货物运输组织过程，货物的送达时间包括货物在装车站、卸车站的货物作业停留时间，以及技术站作业停留时间和途中运行时间，设送达时间为 θ，则 θ 为

$$\theta=\frac{1}{24}\left(t_{\text{装}}+\sum t_{\text{技}}+\sum t_{\text{途中}}+t_{\text{卸}}\right) \tag{3-39}$$

对于 $i\rightarrow j$ 去向的技术站车流 N_{ij}，设所有货车的平均装车时间为 $\bar{t}_{\text{装}}$，平均卸车时间为 $\bar{t}_{\text{卸}}$，技术站有调、无调中转作业时间为 $\bar{t}_{\text{有调}}$、$\bar{t}_{\text{无调}}$，由于运到时间表示一列列车的运输时间，则 $i\rightarrow j$ 去向的技术车流的技术站作业停留时间 $\sum t_{\text{技}}$ 为

$$\sum t_{\text{技}}=\sum \bar{m}_{ij}\left(\bar{t}_{\text{有调}}\sum y_{ij}^{P}+\bar{t}_{\text{无调}}y_{ij}^{\mu}\right) \tag{3-40}$$

$i\rightarrow j$ 去向的技术车流的途中运行时间 $\sum t_{\text{途中}}$ 为

$$\sum t_{\text{途中}}=\frac{l_{ij}}{\bar{v}_{\text{旅}}} \tag{3-41}$$

则$i \to j$去向的技术车流的送达时间为

$$\theta_{ij}=\frac{1}{24}\left[\bar{m}_{ij}\bar{t}_{装}+\sum\bar{m}_{ij}\left(\bar{t}_{有调}\sum_{P}y_{ij}^{P}+\bar{t}_{无调}y_{ij}^{\mu}\right)+\frac{l_{ij}}{\bar{v}_{旅}}+\bar{m}_{ij}\bar{t}_{卸}\right] \tag{3-42}$$

设$i \to j$去向的运到期限为$T_{ij}^{期}$，则存在技术站车流N_{ij}的运到期限约束为

$$\theta_{ij}=\frac{1}{24}\left[\bar{m}_{ij}\bar{t}_{装}+\sum\bar{m}_{ij}\left(\bar{t}_{有调}\sum_{P}y_{ij}^{P}+\bar{t}_{无调}y_{ij}^{\mu}\right)+\frac{l_{ij}}{\bar{v}_{旅}}+\bar{m}_{ij}\bar{t}_{卸}\right]<T_{ij}^{期} \tag{3-43}$$

同理，可以推算出装车地始发车流q_{st}的运到期限约束为

$$\theta_{st}=\frac{1}{24}\left[\bar{m}_{st}\bar{t}_{装}+\sum\bar{m}_{st}\left(\bar{t}_{有调}\sum_{P}x_{st}^{P}+\bar{t}_{无调}x_{st}^{\mu}\right)+\frac{l_{st}}{\bar{v}_{旅}}+\bar{m}_{st}\bar{t}_{卸}\right]<T_{st}^{期} \tag{3-44}$$

综上所述，货物列车开行方案多目标规划模型如下所示，优化目标为车流集结改编消耗最小和铁路运输总成本最小。

$$\begin{cases}\min Z_1=\sum\limits_{i,j}T_{ij}I(\varphi_{ij})+\sum\limits_{k\in S'}z_k\left(\sum\limits_{i\in V(k)}\sum\limits_{j\in U(k)}N'_{ij}y_{ij}^{(\mu,k)}\right)\\ \min Z_2=\sum\limits_{i\in S'}\sum\limits_{j\in S'}\dfrac{c_{固定}N'_{ij}\sum\limits_{\mu}y_{ij}^{\mu}}{\bar{m}_{ij}}+\sum\limits_{k\in S'}z_{作业}\left(\sum\limits_{i\in V(k)}\sum\limits_{j\in U(k)}N'_{ij}y_{ij}^{(\mu,k)}\right)\end{cases} \tag{3-45}$$

$$\text{s.t.}\begin{cases}\sum\limits_{\mu}y_{ij}^{\mu}+\sum\limits_{P\in M(i,j)}y_{ij}^{P}=1\\ I_{st}\sum\limits_{\mu}x_{st}^{\mu}+\sum\limits_{P\in M(s,t)}x_{st}^{P}=1\\ \sum\limits_{\mu}\sum\limits_{i\in V(k)}\sum\limits_{j\in U(k)}N'_{ij}y_{ij}^{(\mu,k)}<M_k\\ y_{ik}^{\mu}-y_{ij}^{(\mu,k)}\geqslant 0\\ \dfrac{1}{24}\left[\bar{m}_{ij}\bar{t}_{装}+\sum\bar{m}_{ij}\left(\bar{t}_{有调}\sum\limits_{P}y_{ij}^{P}+\bar{t}_{无调}y_{ij}^{\mu}\right)+\dfrac{l_{ij}}{\bar{v}_{旅}}+\bar{m}_{ij}\bar{t}_{卸}\right]<T_{ij}^{期}\\ \dfrac{1}{24}\left[\bar{m}_{st}\bar{t}_{装}+\sum\bar{m}_{st}\left(\bar{t}_{有调}\sum\limits_{P}x_{st}^{P}+\bar{t}_{无调}x_{st}^{\mu}\right)+\dfrac{l_{st}}{\bar{v}_{旅}}+\bar{m}_{st}\bar{t}_{卸}\right]<T_{st}^{期}\end{cases} \tag{3-46}$$

3.3.3　求解策略

对于多目标规划模型，其求解方法主要有约束法(主要目标法)、评价函数

法(包括理想点法、平方和加权法、虚拟目标法、线性加权法、乘除法、极小极大法)和功效系数法(包括线性功效系数法、指数功效系数法)等。利用线性加权法将两个目标 Z_1 、Z_2 转化为一个目标 $Z=\lambda Z_1+(1-\lambda)Z_2$ ，这样只需求解目标的最小值 Z ， λ 取值取决于两个目标的重要程度，决策者可以根据问题的特点和发展渐近性取值[15]。

由于上述模型为 0-1 规划模型，应用传统的分支定界法或逐步寻优法的求解结果和收敛速度都无法令人满意，问题的求解大多依赖于智能优化算法，包括遗传算法(genetic algorithm，GA)、蚁群优化(ant colony optimization，ACO)算法、禁忌搜索(tabu search，TS)算法、模拟退火(simulated annealing，SA)算法、粒子群优化(particle swarm optimization，PSO)算法等。

第 4 章　市场导向动态列车运行图协同编制关键技术研究

4.1　市场导向动态列车运行图编制机理

4.1.1　市场导向动态列车运行图的内涵

列车运行图是用以表示列车在铁路区间运行及在车站到发或通过时刻的技术文件，它规定了列车占用区间的程序，列车在每个车站的到达和出发(或通过)时刻，列车在区间的运行时间，列车在车站的停站时间以及机车交路、列车重量和长度等，是铁路组织列车运行的基础。列车运行图不仅是实现铁路列车安全、正点、有序、高效运行的基础，同时它还规定了铁路线路、车站、机车、车辆等设施设备的运用以及与铁路行车组织相关的各个部门(机务、车务、工务、电务、车辆、供电、客运)的工作，把整个路网的运输生产活动联系为一个统一的整体，是铁路行车组织的基础。

传统的货物列车运行图包括货物列车运行计划以及与列车运行相关的机车车辆运用计划、司机乘务计划以及车站作业计划。但是，在组织型运输组织模式下，货物列车运行图与日常货物运输计划、技术计划存在严重的脱节现象，铁路货物运输组织基本依靠调度组织进行，无法体现计划对运输组织生产的控制作用，列车运行图只是一个方向性的技术文件。基于此，本章提出市场导向动态货物列车运行图的理念，即以日常动态变化的货物运输市场需求为导向，以客户为中心，不仅需要编制统筹全局的基本列车运行图(货物列车编组计划、货物列车运行计划、机车/车辆运用计划、车站技术作业计划、司机乘务计划等)，更要在基本列车运行图的基础上，编制短期的、随运输市场需求改变的、贴合运输生产实际的动态货物列车运行图(具体包括列车运行实施计划、机车/车辆运用实施计划、司机乘务实施计划以及车站作业实施计划)。

4.1.2　市场导向动态列车运行图编制原则

市场导向动态列车运行图的编制包括基本列车运行图的编制与市场导向动态列车运行图的编制，其编制原则主要包括以下两个方面。

1. 基本列车运行图编制原则

基本列车运行图是铁路运输的综合计划，它对内是铁路运输系统中车务、工务、机务、电务、车辆、供电以及运输管理部门等各环节工作的基本依据，铁路运输的所有活动都必须围绕它来开展。另外，以列车时刻表形式发布的铁路运行计划对乘客和客户是一种服务的承诺，很大程度上界定了铁路运输产品的性能与质量。在进行基本列车运行图编制时，要遵循以下原则：

(1) 由国家铁路集团决定全路定期性列车运行图编制工作。

(2) 列车运行图编制时必须严格遵守各种间隔约束以及车站作业时间标准。

(3) 对于不同时间、不同季节、节假日等情况分别编制适应旅客及货物运输需求的列车运行线，最大限度地方便旅客及客户的运输需求。

(4) 对于跨线列车运行线的编制，要协调好高速铁路与既有线的衔接问题，尽可能优化，使高速铁路和普速铁路的通过能力都能得到充分发挥。

(5) 跨局列车由国家铁路集团统一领导编制，故优先编制跨局列车运行图，再编制管内列车运行图。同时，要尽量减少跨线列车对高速列车的影响，尽可能提高列车的旅行速度。列车按速度等级进行划分，速度越快，列车等级越高，高等级列车越行低等级列车。

(6) 效率决定效益，尽可能提高客车车底的运用效率。

(7) 合理安排列车停站，减少不必要的停站次数，以保证列车旅行速度。

(8) 列车运行图应保持一定的弹性，在突发情况对列车运行秩序造成干扰后，能使列车及时恢复到正常的运行秩序。

(9) 在编制旅客列车运行线时，考虑客运站技术作业过程，实现两者的相互协调，使运输组织高效化[5]。

2. 动态列车运行图编制原则

动态列车运行图编制原则应满足基本列车运行图的编制原则，除此之外，市场导向动态列车运行图编制还应做到：

(1) 充分利用铁路各种信息系统，实时收集全路货源、货流资料。

(2) 及时审批和受理市场动态变化的货物运输需求，根据客户不同的等级、时效性等给予客户订单不同的优先级，对于有稳定货物运输需求的大客户，可提交阶段订单计划，以简化订单办理流程。

(3) 根据日常受理的货物运输需求，编制满足市场实时动态需求的货物运输计划与货物列车开行方案，货物列车开行方案应包括货物列车的开行等级、开行对数、编组内容、具体运行径路及到发站等内容。

(4) 实时掌握全路重空车运用状况，以进行重空车流的实时调配。

(5) 合理地进行动态车流组织，按照实际的货物运输需求修改和调整货物列车编组计划，编制切合运输生产实际的货物列车开行方案。

(6) 根据货物列车开行方案确定的行车量，在基本列车运行图上铺画市场导向动态列车运行图调整图，应做到不影响旅客列车以及高等级列车的开行，同时又要使货物列车运行线尽量紧凑，减少列车在站停留时间。

4.1.3　市场导向动态列车运行图编制内容

1. 基本列车运行图

1) 货物运输计划

铁路货物运输计划(简称货运计划)在整个运输计划中占有十分重要的地位。铁路货物运输计划应明确规定货物的运输数量、运量的构成和运输方向等。它不仅能经济合理地使用铁路运输设备，充分满足国民经济发展对铁路运输的需求，提高铁路在社会运输市场的竞争力，促进国民经济发展，还能促进各种交通运输方式的合理分工和协调发展，让铁路运输部门能够科学地组织货源货流，最大限度地组织直达运输和均衡运输，挖掘运输潜力，不断提高运输效率。铁路货物运输计划主要分为长远货物运输计划、年度货物运输计划和月度货物运输计划。

长远货物运输计划是较长期间的远景规划，它根据国民经济和社会发展的远景规划进行编制，表明相应时期内全路的运量规模和货物周转量等基本经济指标预期达到的目标，是制定铁路网发展规划和技术装备发展计划的依据。长远货物运输计划通常是五年或十年规划。

年度货物运输计划是铁路在计划年度所需完成的总的运输任务，是通过年度经济调查的方式了解国民经济对铁路的运输需求，并结合以往年度铁路完成任务情况、未来国民经济发展趋势和铁路运输能力变化情况，进行运量预测之后编制的。编制年度货物运输计划也是为了提前预测未来一年铁路的运输任务，便于铁路调整运能，使这一年的运能和运力相匹配。

月度货物运输计划是保证年度货物运输计划在计划月份的具体安排，但并非年度计划的月平均，而是以计划月份国民经济各部门的生产、供应和销售计划对运输的需要为依据，按照国家的运输政策并兼顾运输企业效益，经过综合平衡进行编制的。同时也是为了保证旬计划和日计划的兑现，重点落实大宗稳定货物运输、跨局直达和客车化产品方案以及综合效率指标，为调度、机务、车辆等部门围绕生产目标确定基本配置依据。

2) 列车编组计划

货物列车编组计划是将分散于全路各站的重空车流，经过车流组织工作，有计划地纳入各种列车之中，实现由车流向列车流的转变，车流组织的结果最后以表格的形式汇编成册，作为铁路运输工作的一个十分重要的技术文件，在铁路运输组织工作中具有重要的作用，主要体现在如下方面：

(1) 列车编组计划以保证铁路运输服务质量、加速车辆周转、加快货物送达为总体目标，将路网上错综复杂的车流，按照运输性质及距离远近分别组织到不同种类的列车中去，因而它是全路一定时期车流组织的基础性计划，起着梳理车流、规范车流的作用。

(2) 列车编组计划规定了各种列车的发到站、编组内容及车流编挂方式，这在很大程度上确定了各技术站、货运站的办理车数和改编车数，即各站的到、发、解、编作业任务和相应的设备运用办法，因而它是全路车站作业分工的统一战略部署。

(3) 列车编组计划是货物运输计划与列车运行图之间的重要联系环节，是编制列车运行图的重要基础性资料。

(4) 列车编组计划是路内外联系的重要纽带，它所规定的“五定”班列，装车地直达列车、空车直达列车、快运货物列车等把产、供、运、销各部门联系成一体，有利于促进工农业生产和社会主义市场经济的发展。

(5) 在日常运输组织工作中，通过调整和适当变更货物列车编组计划，可以缓和能力紧张状况，起到疏导车流、保障畅通的作用。

(6) 列车编组计划的优化方案是制定远期路网发展规划、确定枢纽规模和布局、进行站场改造扩建的重要依据。

货物列车编组计划的编制过程分为三个阶段：资料准备阶段、计划编制阶段和实行计划前的准备阶段，具体编制程序概括起来如图 4.1 所示。

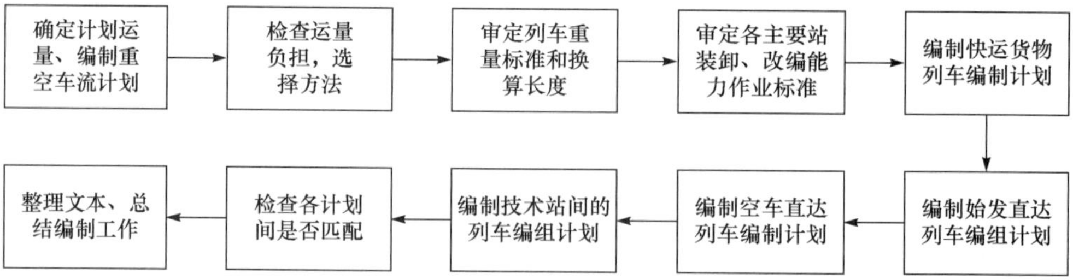

图 4.1　货物列车编组计划编制流程

某货物列车编组计划的主要内容如表 4.1 所示。

表 4.1 甲站列车编组计划

发站	到站	编组内容	列车种类	定期车次	附注
甲	丁	丁及其以远	技术直达		
甲	丙	1. 丙及其以远(不包括丁及其以远) 2. 空棚车	直通		
甲	乙	乙及其以远(不包括丙及其以远)	区段		
甲	乙	1. A～D 间按站顺 2. 乙及其以远	摘挂		按站顺编组

注：丁及其以远代表丁站及丁站之后的车站，其他以此类推。

从表 4.1 可以看出，货物列车编组计划主要有以下内容：发站、到站、编组内容、列车种类、定期车次和附注。编组内容栏规定的列车中车组的编挂方法，通常有单组混编、分组选编、到站成组、按站顺编组。

3) 货物列车运行计划

货物列车运行计划主要通过列车运行图来实现，列车运行图是表示列车在铁路区间运行以及在车站到发或通过时刻的技术文件，它规定了各次列车占用区间的程序，列车在每个车站的到达和发车时刻，列车在区间的运行时间，列车在车站的停站时间以及机车交路、列车重量和长度等，是全路组织列车运行的基础技术文件。列车运行图一方面实现了铁路运输企业安全、正点运行和经济有效地组织铁路运输工作，另一方面它又是铁路运输企业向社会提供运输供应能力的一种有效形式。因此，列车运行图是铁路组织运输生产和产品供应销售的综合性计划，是铁路运输生产连接厂矿企业生产和社会生活的纽带。

铁路运输部门及相关企业运输部门在编制货物列车运行计划时应掌握以下资料：各区段各种客货列车行车量、车站间隔时间、追踪列车间隔时间，以及必要的列车运行图缓冲时间，各区段通过能力，客货列车停车站名和停站时间标准，各技术站主要技术作业时间标准，客车车列在配属段、折返段停留时间标准，客货列车在区间运行时分和起停车附加时分，各区段货物列车重量标准，机车在基本段和折返段作业时间标准，机车运用方式和乘务组工作制度，各区段线路允许速度，施工计划以及慢行地段和慢行速度等。

编制货物列车运行计划时，必须满足以下要求：

(1) 保证列车运行的安全，迅速、便利地运输旅客和货物，充分利用铁路通过能力，经济合理地运用机车车辆。

(2) 应将区间通过能力利用率控制在一定的允许范围内，确保列车运行图具有一定的弹性，与列车编组计划和车站技术作业过程相协调，使列车运行线与车流很好地结合起来。

(3) 保证各站、各区段间工作的协调和平衡，合理安排乘务人员的作息时间。

4) 其他相关作业计划

市场导向动态列车运行图编制，除了需要编制基本的货物列车编组计划与列车运行图之外，还要编制与列车运行图相关的其他作业计划，具体包括机车运用计划、车底交路计划、车辆运用计划、乘务交路计划等。

2. 市场导向动态列车运行图

1) 货物运输实施计划

市场导向动态货物运输实施计划旨在经济合理地使用铁路运输设备，优化运力资源配置，最大限度地满足国民经济各部门对铁路运输的需要，促进国民经济发展，促进各种运输方式的合理分工和协调发展，除此之外，科学合理地组织货源货流，优化货物运输组织，挖掘运输潜力，促进铁路自身的计划管理，为铁路内部安排各种计划提供可靠的运量依据也是货物运输实施计划的主要任务。

以往的年度货物运输计划、月度货物运输计划、旬货物运输计划等存在编制时间长、兑现率低、手续繁杂、审批权限集中、体制不顺的问题，为了使运输生产能够集中统一指挥，保重点，以市场为导向并适应市场，确保运输通畅和运输秩序，发挥铁路运输能力，满足国民经济发展的需要，本节提出市场导向动态货物运输实施计划，即在传统基本货物运输计划的基础上，根据市场实际的货物运输需求、企业近期订单、需求变化，编制确定指导周期为 5～7 天的货物运输实施计划，并不断完善调整。

市场导向动态货物运输实施计划不同于基本货物运输计划，它是随市场波动的，是基本计划在短期内的具体货物运输计划安排。市场导向动态货物运输实施计划的提出使得货物流通环节减少，办理手续迅速，方便客户，下放权限，提高能力，增运增收，更通过计算机实现从布置计划到实施计划的简化，提高准确性和合理性，对于临时变更的货物运输实施计划，托运单位可随时在铁路联网点提交货物运输服务订单，由铁路局受理，国家铁路集团负责审定，而其余按基本计划执行的订单可由铁路局审定处理。

2) 货物列车开行方案

随着市场经济的不断发展，我国货物运输市场呈现多样化和动态化发展趋势，铁路运输部门面临的现状是货物运输市场客户的订单频率不停变换，货物运输需求动态变化，此外，客户对交货期限的要求也越来越严格。而我国铁路运输部门现今的这种运输组织模式面对当今市场的变化已然显露出相对僵化的状况和问题。对于实际的货物运输需求，货物运输计划常常不能做到及时反应。而货物列车编组计划同时也是依据货物运输计划而编制的，导致货物列车编组计划与铁路日常的货物运输计划及技术计划存在严重的脱节现象。因此，当前的货物列车编组计划的编制方法亟须改进,才能适应不断发生变化的市场需求，因此需要编制市场导向动态货物列车开行方案。

市场导向动态货物列车开行方案的核心是在动态车流汇总与车流推算的基础上确定货物列车的开行等级、开行对数、编组内容、具体运行径路及到发站等，是货物列车编组计划在短时间内的体现形式。具体来说，市场导向动态货物列车开行方案是在基本货物列车编组计划的基础上，结合市场动态变化的货物运输需求与日常运输生产实绩资料编制的。其主要作用是合理、高效地完成车流组织工作，使日常动态变化的货物运输市场需求与列车运行图紧密地结合起来。它不仅能够实时反映货物运输市场的动态需求，将路网中实时产生的车流及时地编组成为各种列车，实现车流向列车流的转变，同时，通过合理调配，可以加速货物送达时间，充分利用铁路通过能力，合理分配全路各技术站的解编工作任务，提升铁路设备利用率。

3) 列车运行实施计划

列车运行计划是通过列车运行图实现的，列车运行图是根据国民经济发展的需要和铁路运输能力的情况而编制的，它体现着铁路工作的各种质量指标和数量指标，是铁路运输工作的综合计划、铁路行车组织的基础，是协调铁路各部门、单位按一定程序进行生产活动的工具。

现行的列车运行计划中，列车运行图与列车编组计划是一一对应的，在实际运输生产过程中，货物列车运行线要根据实际车场车流集结情况确定，必须充分考虑列车到、解、集、编、发整个过程协调配合，因此基本列车运行计划确定的货物列车运行线在日常调度生产中兑现率极低，“计划”的核心作用不明显，日常货物运输组织工作基本靠调度组织进行协调，计划的兑现率极低。在这种情况下，提出市场导向动态列车运行实施计划，即通过对货物运输市场需求动态信息的及时掌握，根据近期货物运输订单，车流、货流情况，汇总并推算各站远期到达车流，并根据集结情况，动态调整货物列车编组计划，编制出市场导向动态货物列车开行方案，在此基础上结合基本列车运行计划动态挑选列车运行线，编制市场导向动态货物列车运行实施计划。在动态列车运行实施计划编制过程中，能够综合考虑整个流程，从铁路运输部门承运货物开始，编制出集市场导向动态货物运输实施计划、日常货物列车开行方案、日常动态列车运行实施计划以及其他相关作业计划为一体的全程运送计划，不仅能提高计划兑现率，提升铁路运输部门的竞争力和服务质量，同时能最大限度地方便客户，为客户提供尽快运输、实时跟踪、及时送达的全程货物运输服务。

4) 其他相关作业实施计划

(1) 机车运用实施计划。机车运用实施计划的主要作用是经济有效地组织、使用机车，提高运输能力。机车运用实施计划主要根据列车运行计划和机车运用的相关作业标准，规定完成运输任务的机车工作量和对机车的需求量，绘制机车周转图，编制机车分配计划和机车检修计划。

市场导向动态机车运用实施计划是在日常动态列车运行实施计划编制完成后，落实到每一台机车运用周转日计划，它包括机车交路和运转制、机车乘务组织以及机车周转时间三方面。其主要任务体现在合理地压缩机车全周转时间，提高技术速度、机车日车公里、牵引总重等。计划时间的缩短，要求计划在制订上准确性很高，避免由于紧接续而导致临时修改计划的问题。机车运用水平的高低，直接影响到铁路运营成本和运输企业的经济效益。所以，机车运用效率问题是铁路运输中必须充分重视的问题。

(2) 车辆运用实施计划。市场导向动态车辆运用实施计划主要根据列车运行计划和车辆运用的装卸、货检、列检、调车作业等技术作业时间标准等相关指标，了解车辆运用状态，安排车辆周转过程及作业次序，主要包括了解和掌握车辆运用状态、车辆分配计划和车辆检修计划的编制，主要作用是经济有效地组织、使用车辆，提高运输能力。

(3) 司机乘务实施计划。市场导向动态司机乘务实施计划编制是在基本乘务计划的基础上，根据市场导向动态列车运行实施计划、乘务规则、乘务基地分布等条件编制的。它对乘务司机的出乘时间及地点、担当车次、退乘时间及地点等做出具体安排，以确保列车运行计划的实现，具体可分为乘务交路计划和乘务排班计划。乘务交路计划由全体乘务交路构成。乘务交路是指乘务司机按照一次乘务总时间、乘务折返接续时间、连续乘务时间等乘务规章制度，从乘务基地出发开始,完成具体的乘务任务并且最后返回乘务基地车站的全过程。乘务排班计划是在乘务交路计划制订好的前提下进行的，即每天给每条交路安排好乘务司机，形成乘务连续值乘的排班计划。乘务排班计划需要确定乘务司机在一个周期中每日值乘任务或者休息时间的详细安排。

(4) 车站作业实施计划。市场导向动态车站作业实施计划包括车站货物运输日计划和车站技术作业计划，其主要任务是掌握运用车保有量，及时了解和掌握装卸车情况。其中，车站货物运输日计划包括对车站装卸车工作、空车调配工作、篷布及集装箱运用工作等具体安排，车站技术作业计划包括对车站到发线、调车线、装卸线的运用情况以及接发列车工作、调车工作的具体安排。

4.1.4　市场导向动态列车运行图编制流程

市场导向动态列车运行图编制应包括基本列车运行图编制与市场导向动态列车运行图编制。在我国现行的两级管理列车运行图编制体制下，跨局列车由国家铁路集团组织各铁路局统一编制，铁路局负责编制自己局管内的列车运行图。基本列车运行图的编制过程包括列车运行图编制政策、方针、原则及技术资料的加工、整理、审核、确定；旅客列车方案图的编制，旅客列车详图的编制，货物列车运行图的编制，人员和其他设备计划的编制，运行图各项指标的计算和整理等[7]，具体编制流程如图 4.2 所示。

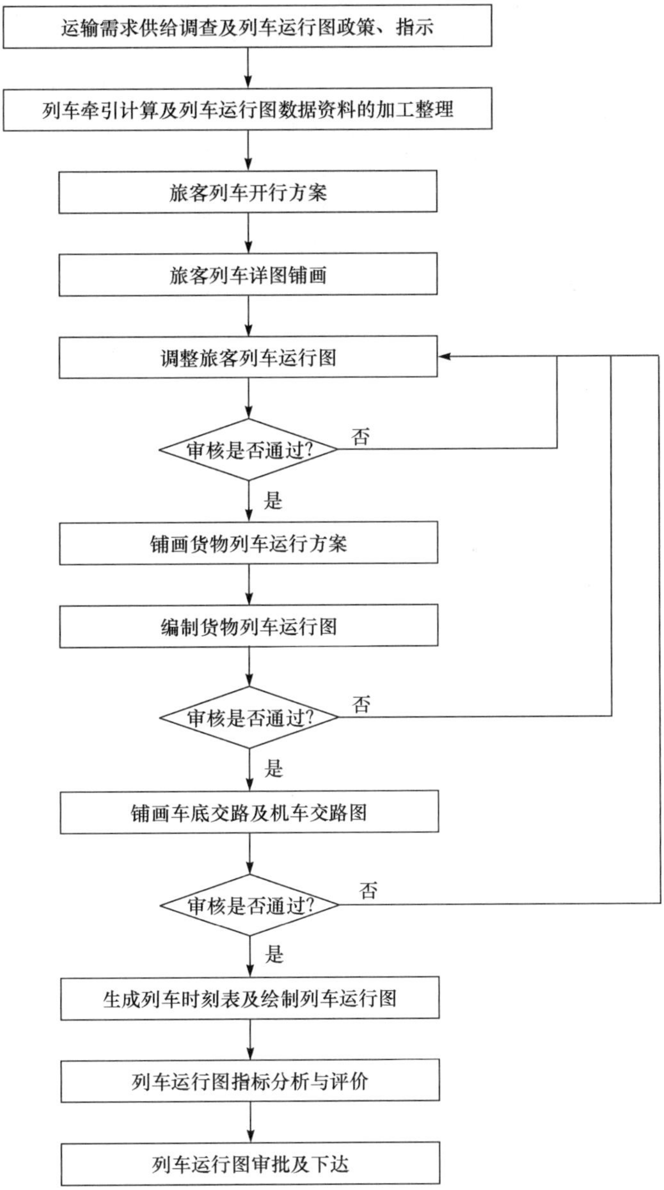

图 4.2　基本列车运行图编制流程

市场导向动态列车运行图编制也应充分发挥列车运行图两级管理体制的优势，分别由国家铁路集团、铁路局主管列车运行图编制部门进行编制。在货物运输基本计划，即基本货物列车运行图(货物运输计划、货物列车编组计划、货物列车运行计划及其他相关作业计划)的基础上，以市场需求为导向，实时审批和受理市场动态变化的货物运输需求，并综合日常运输生产实绩数据进行动态车流汇总及推算；在动态车流组织的基础上，以动态全程运输协作模式，实现直达运输和枢纽中转相结合的路网级货物列车开行方案协同编制，确定货物列车的开行种类、开行对数、编组内容、运行径路及始发终到车站等；在此基础上，以货物列车开行方案为依据，考虑货物运到期限、铁路区段通过能力、机车/车辆利用情况等条件编制市场导向动态货物列车运行图(包括动态货物列车运行实施计划、机车运用实施计划、车辆运用实施计划、司机乘务实施计划、车站作业实施计划等)，实现流线结合的货物列车开行方案与列车运行图协同编制。最后，完成市场导向动态货物列车运行图的审批、下达实施、指标统计及分析评价等。具体市场导向动态货物列车运行图编制流程如图 4.3 所示。

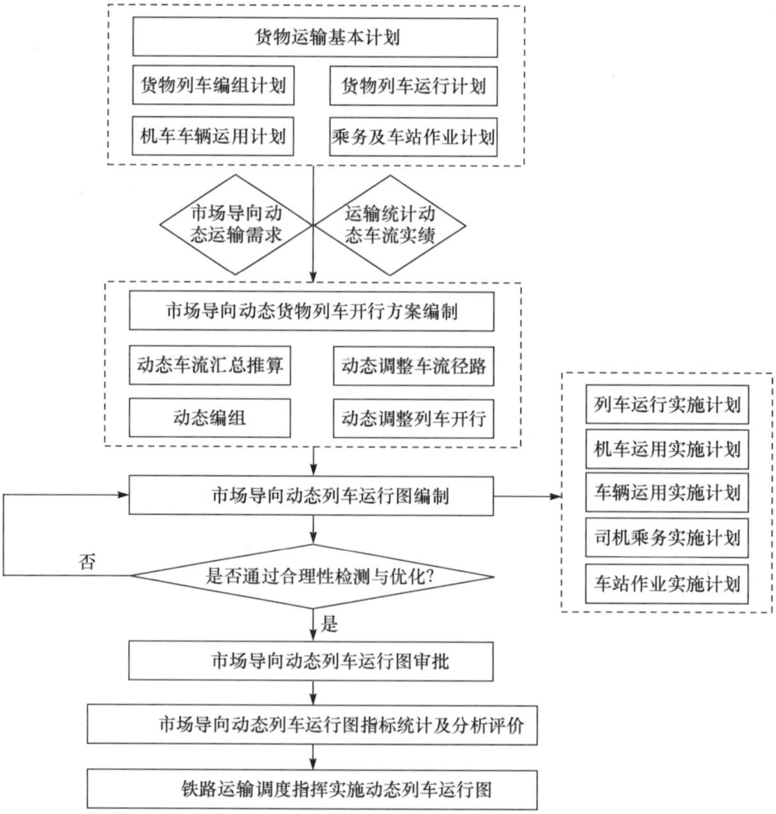

图 4.3　市场导向动态列车运行图编制流程

4.2　市场导向动态列车运行图编制关键问题

1. 货物列车开行方案

传统的货物列车编组计划(即列车车次与去向)与列车运行图是一一对应的，在实际运输生产过程中，货物列车运行线要根据实际车场车流集结情况确定，必须充分考虑列车到、解、集、编、发整个过程协调配合，因此基本计划确定的货物列车运行线在日常调度生产中兑现率极低，“计划”的核心作用不明显。而市场导向动态货物列车开行方案与列车编组计划不同，它是通过及时的审批及受理动态变化的货物运输市场需求，结合日常运输生产过程中的统计分析资料，进行动态车流组织与推算，在此基础上动态调整货物列车编组计划，编制市场导向动态货物列车开行方案。

货物列车开行方案是动态列车运行图编制的基础，在编制列车运行实施计划时，应按照货物列车开行方案规定的列车种类、列车对数、运行径路及编组内容，在列车运行图上铺画和调整相应的列车运行线，实现流线结合的货物列车开行方案与列车运行图协同编制。

2. 列车运行实施计划

列车运行实施计划的编制是在基本列车运行计划的基础上，依据市场导向动态货物列车开行方案，铺画和调整货物列车运行线，主要包括客运化货物列车(班列)运行实施计划、技术直达及直通货物列车运行实施计划、区段货物列车运行实施计划、空车运用实施计划，如图 4.4 所示。

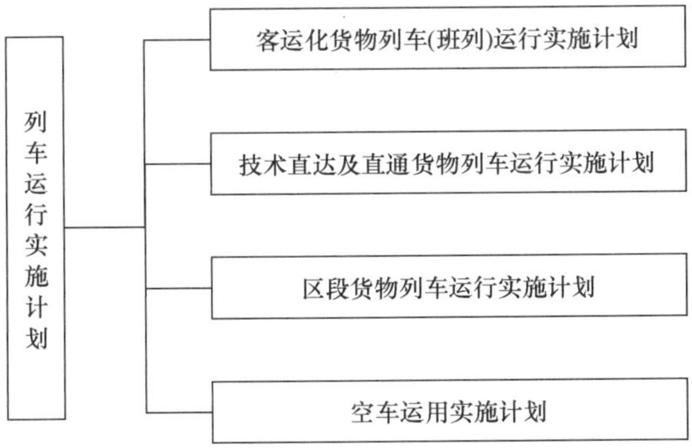

图 4.4　列车运行实施计划组成

列车运行实施计划，即通过动态信息的及时掌握，根据近期货物运输订单、货流、车流情况，推算各站远期到达车流，并根据集结情况，动态调整编组计划，动态铺画和调整列车运行线，在编制列车运行图时，能够综合考虑整个流程，提高计划兑现率，有效指导调度部门进行日常运输生产工作。

客运化货物列车(班列)在基本列车运行计划中是有规定的始发终到站及固定时刻点的货物列车，在列车运行实施计划中，根据市场导向，货物列车开行方案可进行一定的调整。

技术直达、直通、区段货物列车运行实施计划编制则根据货物列车开行方案规定的列车种类、列车对数、运行径路及编组内容，铺画和调整列车运行线。因此，在这种列车运行图编制方法下，能综合考虑车流的种类和辆数、始发终到站、运到期限等内容，车流在集结的过程中也不用一定要满足满轴的要求，而是充分考虑货物的运到期限，推算各站远期到达的车流，动态铺画和调整列车运行线。

空车运用实施计划主要用以解决各铁路局空车需求，以车流组织方法为根据，合理调配空车数量，保证各局各部门对大宗商品等的运输需要。铁路货物列车组织中，有效调整空车车流，是保证运输组织工作高效、顺利进行的关键。空车调整是为了合理分布运用车和保证装车需要而进行的车流调整。为了保证运输过程的连续性，必须组织空车源源不断地送到装车地，从而合理有效地实现将卸车数大于装车数的车站所产生的多余空车，配送到装车数大于卸车数的车站。因此，它要求各级调度必须从整体利益出发，严肃排空纪律，坚决完成上级规定的排空任务。

在铁路运输过程中，空车是装车的保证，重车是空车的来源，最理想的情况是保证每天到达各车站按车种别卸车产生的空车数，正好是各车站装车所需要的装车数。在这种情况下，可实现车辆只在站内进行连续卸装双重货物作业，不产生空车走行。它不但可保证均衡有节奏地完成运输任务，而且能最经济有效地发挥车辆的运输效率。但是对于大宗货物，特别是煤炭这种产、销地配置不均衡的货物，这些货物一般都是集中在少数车站上装车，卸车是在服务于工业企业、建筑单位和大居民点的多个铁路车站上进行，很难保证重去重回。因此，在制订空车运用实施计划的同时要保证其满足运输需求原则，整体利益、最大效益、最少费用的原则以及运输组织合理原则。基于以上原则，在货源变动不大的情况下，可以按照计划编制的那样采取正常调整的方法，通过空车在本局管内自行调整运用，在分界站按规定的车种与空车数移交给邻局；而在货源发生变化时，采用综合调整的方法，即超过计划增加了空车方向的装车数时，可减少交出空车数，反之亦然；当由于特殊紧急情况需要或为加速车辆合理分布时，则要采用紧急调整措施，即将空车编成直达列车，行经各局时不得用来装车。

3. 其他相关作业实施计划

列车运行图是铁路日常运输组织的基础技术文件，涉及铁路运输组织生产的各个部门，因此还需要编制与列车运行图相关的各项作业实施计划，主要包括机车运用实施计划、车辆运用实施计划、乘务交路实施计划以及车站作业实施计划等。

4. 货物列车运行图的编制方法

市场导向动态列车运行图的编制主要是对货物列车运行图的编制。在基本列车运行图中，铺画了旅客列车详图，在日常运输生产过程中，旅客列车按照运行图运行，满足“按图行车”的原则。但对于货物列车运行图，除了少数客运化运行的货物班列，大部分货物列车是以区段列车运行线的形式铺画的，即在旅客列车运行图的基础上划分区段，对列车运行图上的空闲时段铺画货物列车运行线，是对铁路线路货物运输能力的一种资源表示，同时并未对运行线安排具体的列车运行。其主要原因是货流及车流的不确定性，且我国采用的是组织型的运输组织模式，日常货物运输组织主要依靠调度控制，货物列车编组计划与列车运行图无法起到实质性的作用。

市场导向动态货物列车运行图的编制打破了我国铁路传统的组织型运输组织模式，基于市场导向动态规划型货物运输组织方法，在铁路受理货物之后，就结合日常运输生产实绩数据动态编制货物运输全程服务计划，具体包括货物列车开行方案、货物列车运行实施计划及其他相关作业实施计划，以保障“按图行车”。基于此，本节提出了一种动态货物列车运行图编制方法，在基本列车运行图的基础上，以货物列车开行方案为依据，动态挑选货物列车运行线，并使货物列车运行线在各个区段实现良好的衔接，从而实现流线结合的货物列车开行方案与列车运行图协同编制。

4.3　市场导向动态列车运行图编制问题的数学模型

市场导向动态规划型货物运输组织模式是以计划为主、调度为辅的行车组织方式，其中计划包括基本列车运行图及其相关作业计划和市场导向动态列车运行图及其相关作业计划。在基本计划中的货物列车运行图，主要是以区段运行线的形式铺画的，即在旅客列车运行图的基础上划分区段对运行图上的空闲时段铺画货物列车运行线，是对铁路线路货物运输能力的一种资源表示，同时并未对运行线安排具体的列车运行。当根据货物运输市场实时动态的货物运输需求，产生市场导向动态货物运输实施计划、货物列车开行方案，进而产生动态货物列车运行计划时，则采用动态选线的方式，根据货物实时的运输需求、铁路的运力资源情况等，以市场导向动态货物列车开行方案为指导，在基本列车运行计划的基础上，动态挑选货物列车运行线，完成市场导向动态货物列车运行图的编制，则货物按照被选择的运行线及接续情况组织运输，而未被选择的运行线将不会被执行。

该运输组织方式强调“按图行车”，货物列车运行图是一切计划的核心，因此运行图的编制方法显得尤为关键，将直接影响其编制质量。基于规划型运输组织模式的动态列车运行图编制，需对每位客户的运输需求做出详细的列车运行计划安排，即以市场需求为导向实现列车运行图的日常动态编制和调整，以指导日常货物运输生产工作。本节提出在基本列车运行图的基础上，通过动态选线的方式，编制市场导向动态运行图，用于短时间内指导铁路日常货物运输工作，这样能提高列车运行图的编制效率，同时也能保证质量。

市场导向动态列车运行线挑选模型如下。

4.3.1 问题网络抽象分析

列车运行图是表示列车在区间运行以及在车站到发或通过时刻的技术文件，具有空间及时间两方面的属性，为了更好地表示运行线之间的接续关系，对运行图进行抽象扩展，构建“车站-列车”时空拓扑网络，如图 4.5 所示。

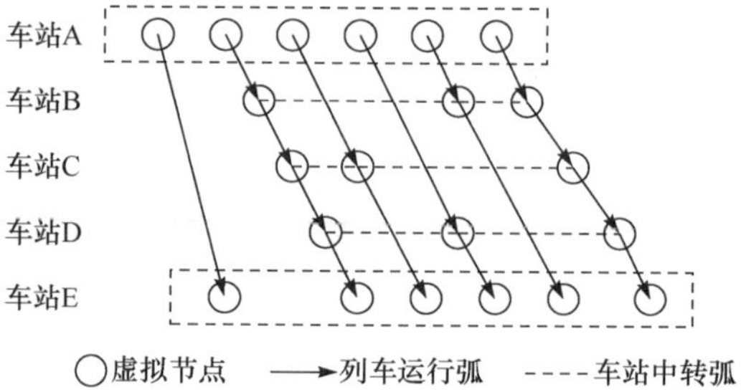

图 4.5 “车站-列车”时空拓扑网络

将列车运行线转化为“列车运行弧”。为每条运行线的始发终到设置一个“虚拟节点”，则每个“虚拟节点”具有“出发”与“到达”两个属性，当其代表列车的始发时，称为“发点”；当代表列车的终到时，则称为“到点”。为同一车站两虚拟节点之间设置一条“车站中转弧”，用以表示运行线在技术站的接续关系。

定义“车站-列车”时空拓扑网络 $G=(V,E)$。$V=\{V \mid V=V_{\mathrm{f}} \cup V_{\mathrm{d}}\}$ 为虚拟节点集合，V_{f} 为发点集合，V_{d} 为到点集合。$E=\{E \mid E_{\mathrm{t}} \cup E_{\mathrm{s}}\}$ 为弧集合，E_{t} 为列车

运行弧集合，E_s为车站中转弧集合。

将运行线的选择转化为在时空拓扑网络中寻找从车流始发站至终到站的可行路径 p，每一条路径对应一个货物全程运输时间，此时间不能超过货物的运到期限。

4.3.2 模型构建

当铁路以$T_{可行}$向客户承诺运到期限后，可以通过以下模型为货物选择列车运行线，同时货物的运输时间以及挂运方案也随之确定。

$$\min Z = \sum_{si\in E} x_{si} r_{si} + \sum_{si\in E_1} x_{si} f_{si} - \sum_{si\in E_2} x_{si} d_{si} \tag{4-1}$$

s.t.

$$x_{si} w_o \leqslant w_{si}\ ,\quad \forall si \in E \tag{4-2}$$

$$x_{si} l_o \leqslant l_{si}\ ,\quad \forall si \in E \tag{4-3}$$

$$\sum_{si\in E_{s1}} x_{si} f_{si} - \sum_{s'i'\in E_{s2}} x_{s'i'} d_{s'i'} \geqslant t_s\ ,\quad \forall s \in (2,3,\cdots,n-1) \tag{4-4}$$

$$\sum_{si\in E} x_{si} r_{si} + \sum_{si\in E_1} x_{si} f_{si} - \sum_{si\in E_2} x_{si} d_{si} \leqslant T_{可行} \tag{4-5}$$

$$\sum_{s'i'\in E_{s2}} x_{s'i'} - \sum_{si\in E_{s1}} x_{si} = \begin{cases} -1, & s=1 \\ 1, & s=n \\ 0, & s=2,3,\cdots,n-1 \end{cases} \tag{4-6}$$

$$x_{si} \in \{0,1\}\ ,\quad \forall si \in E \tag{4-7}$$

其中，E为所有备选运行线集合；E_1为E中除货物始发终到站间的直达运行线以外的从始发站发出的所有运行线；E_2为E中除货物始发终到站间的直达运行线以外的到达终到站的所有运行线；si为运行线索引，表示车站s始发的第i条运行线；r_{si}、f_{si}、d_{si}分别为运行线si的运行时间、始发时刻、终到时刻；x_{si}为 0-1 决策变量；w_o为货物的总量；l_o为货物装车后的换长；w_{si}、l_{si}分为运行线si所对应的货物列车的剩余轴重以及剩余换长；E_{s1}为所有从车站s始发的运行线集合；E_{s2}为所有终到车站s的运行线集合；t_s为技术站s的中转车平均停留时间，该值为统计值，可由该站的站细获知。

其中，式(4-1)为货物在途运输时间最小目标函数；式(4-2)、式(4-3)为货物列车运输能力的轴重、换长约束；式(4-4)为货物在技术站进行改编中转作业的停留时间约束；式(4-5)为货物运到期限约束；式(4-6)为选择的运行线组合满足货物始发、终到地约束；式(4-7)为决策变量 0-1 取值约束。

4.3.3 算法设计

以上模型相当于容量限制的多商品流网络设计问题(MCNDP)，而 MCNDP 为 NP-hard 问题，因此本节研究的问题是一个 NP-hard 问题。事实上，随着货物始发终到站之间的距离增加，运行线选择的组合方案急剧增加，难以用分支定界法等精确方法找到有效解。因此，针对模型特点，本节设计模拟退火(simulated annealing，SA)的启发式算法进行求解，SA 算法关键步骤设计如下。

1) 解的构造

构建矩阵 $X=[S,I]$ 代表一个运行线选择组合方案。其中 $S=[s_1,s_2,\cdots,s_n]^{\mathrm{T}}$ 为车站集合、$I=[i_1,i_2,\cdots,i_n]^{\mathrm{T}}$ 为对应车站的始发运行线集合，则构建的矩阵表示车站 s_k 的第 i_k 条运行线被选择。

2) 初始解的生成

SA 算法求得的最终解并不十分依赖初始解，因此采用随机方法生成初始运行线选择(组合)方案。随机性体现在随机选择某站的始发运行线，一旦选定某条运行线，运行线接续的下一车站也随之确定，当随机选定的运行线对应的下一到达车站为车流终到站时，即得到完整的初始解。

3) 邻域解的产生

采用随机突变方法设计解的邻域结构。随机选择当前解 X 的某一车站作为突变点，随机选择一条除当前解选定的运行线，并依此产生邻域解。

4) 冷却过程

相关参数设置为：初始温度 $\mathrm{t\_s}=999$，终止温度 $\mathrm{t\_e}=10^{-0.003}$，温度衰减系数 $\alpha=0.90$，马尔可夫链长度为 99。当温度低于终止温度时，算法终止，得到最优解。

第 5 章　动态列车运行图协同编制系统需求分析

5.1　系统业务需求分析

5.1.1　货物运输服务与营销业务需求分析

市场导向动态规划型铁路货物运输组织模式需要建立与之相适应的货物运输服务与营销组织体系，因此需要编制基于市场导向的货物运输服务与营销计划，及时地收集货物运输市场动态变化的货物运输需求，并为客户提供货物运输业务办理、货物运输信息查询等服务，主要包括以下内容。

1. 货物运输业务办理

货物运输业务办理是指为客户提供货物运输业务办理服务，主要包括货物运输需求受理及审核，提供运输方案并计算运输费用，提供货物运输保险、报价、理赔等运输服务。

2. 货物运输信息查询

货物运输信息查询是指为客户提供货物运输信息查询服务，主要包括对铁路相关法律、规章制度的查询，运力信息查询，产品信息查询等，在货物运输过程中，提供货物实施追踪查询服务。

3. 货物运输营销

货物运输营销是指针对动态变化的货物运输市场，制定合理的运输组织策略，如货物运输客户关系管理、客户档案分析、个性化运输方案提供、大客户管理策略等。

5.1.2　货物列车开行方案编制业务需求分析

由于传统的货物列车编组计划与日常实际生产时的货物运输计划、技术计划存在严重的脱节现象，为了满足货物运输市场的实际需求，需要编制市场导向的货物列车开行方案，主要包括确定货物列车的开行等级、开行对数、编组内容、具体运行径路及到发站等，是货物列车编组计划在短时间内的体现形式，具体包括以下内容。

1) 动态车流推算

动态车流推算是指根据实时的货物运输运单以及动态货物运输计划，收集并汇总实时的货流、车流信息，包括货物的发到站，货物品类、车流量，运到期限要求等。再根据路网列车运行的实际情况以及运输统计分析资料、分界站接入与交出车流等信息进行动态车流推算，并进行统计分析及相关报表的生成。

2) 审定点线能力

审定点线能力是指动态实时地审定各条线路的通过能力及其利用程度，各区段长度、运行时间、货物列车牵引定数和换长；各站的设备、技术作业过程及其相关时间标准、解编能力及装卸能力及其利用程度等。

3) 车流径路的选择与确定

车流径路的选择与确定是指结合动态货物运输计划，在汇总实时的车流信息后，综合考虑车流的运输距离、运到期限、运输费用，以及各区段通过能力、各技术站解编能力，确定合适的车流径路。

4) 货物列车开行方案的编制与调整

货物列车开行方案的编制与调整是指根据车流推算的结果，结合区段通过能力以及各站解编能力和装卸车能力、车流径路的选择，实现货物列车开行方案的自动编制与调整。

5.1.3 列车运行实施计划编制业务需求分析

1) 列车运行实施计划编制和调整

根据市场导向动态货物列车开行方案，在基本列车运行图的基础上，系统自动调整货物列车运行图，根据实际需要增加、删除、调整列车运行线，自动编制和调整市场导向动态列车运行图。

2) 列车运行计划的审批、上报与下达

由国家铁路集团负责列车运行计划编制结果的审定，检查编制结果是否满足各项技术条件，并将编制结果下达各部门。

3) 指标统计

统计列车运行图的各项指标，包括列车对数、旅行速度、技术速度等，并提供报表输出和打印功能。此外，系统还能按照需要绘制和显示列车运行图，提供多种输出与打印的手段。

5.1.4　机车运用实施计划编制业务需求分析

机车运用实施计划编制主要根据列车运行实施计划和机车运用的相关作业标准，规定完成运输任务的机车工作量和对机车的需求量，绘制和调整机车周转图，编制机车分配计划。

1) 机车周转图的编制

机车周转图的编制是指通过收集机车的实际动态，推算机车的运用状态，结合机车周转制以及列车运行图，调整机车交路，完成机车周转图的编制。并统计机车运用计划的各项指标，包括机车台数、机车日车公里、机车全周转时间，提供报表的输出与打印功能。

2) 机车分配计划编制

机车分配计划编制根据机车周转图和机车的运用状态实绩，分配机车担当指定的机车交路，并生成机车分配计划表。

5.1.5　车辆运用实施计划编制业务需求分析

车辆运用实施计划主要根据列车运行实施计划和车辆运用的装卸、货检、列检、调车作业等技术作业时间标准等相关指标，了解车辆运用状态，安排车辆周转过程及作业次序，主要包括车辆实时运用状态及指标统计、车辆分配计划和车辆检修计划的编制。

1) 车辆实时运用状态及指标统计

车辆实时运用状态及指标统计是指根据列车运行图和车辆运用的装卸、货检、列检、调车作业等技术作业时间标准，了解和掌握车辆实时运用的具体情况，统计车辆运用的各种指标，包括使用车数、卸空车数、货车工作量、货车周转时间等。

2) 车辆分配计划编制

车辆分配计划编制是指根据车辆实时运用的具体情况，自动编制和调整车辆分配计划。

3) 车辆检修计划编制

车辆检修计划编制是指根据车辆修程修制、车辆履历以及车辆段检修能力，编制车辆检修计划，包括车辆扣修及车辆取送方案等。

5.1.6　司机乘务实施计划编制业务需求分析

司机乘务实施计划编制是根据司机乘务基地分布、乘务方式、乘务作业时间以及列车运行图和机车周转图，系统自动编制和调整司机乘务计划。

1) 乘务交路计划编制

乘务交路计划编制根据乘务司机一次乘务总时间、乘务折返接续时间、连续乘务时间等乘务规章制度，规定乘务司机从乘务基地出发开始，完成具体的乘务任务并且最后返回乘务基地车站的全过程。

2) 乘务排班计划编制

乘务排班计划编制是在乘务交路计划的基础上进行的，即每天给每条交路安排好乘务司机，形成乘务连续值乘的排班计划。乘务排班计划需要确定机车司机在一个周期中每日值乘任务或者休息时间的详细安排。

5.1.7　车站作业实施计划编制业务需求分析

车站作业实施计划是车站日常工作安排，其编制依据主要有列车运行实施计划、机车/车辆运用实施计划、乘务实施计划等列车运行图相关作业计划。车站作业实施计划包括车站货物运输日常实施计划与车站技术作业实施计划，车站货物运输日常实施计划包括卸车工作实施计划、空车分配实施计划、装车工作实施计划、篷布运用实施计划、集装箱运用实施计划等；车站技术作业实施计划包括到发线运用实施计划、装卸线运用实施计划以及调车作业实施计划、冲突检查和图形显示等。

1. 车站货物运输日常实施计划编制

1) 卸车工作实施计划编制

卸车工作实施计划编制是指根据货物列车开行方案和列车运行图以及装卸作业时间标准，结合各站装卸车作业能力、调车机车利用情况，编制卸车作业实施计划，包括卸车数量、内容、卸车作业时间及装卸线安排，并统计各站的卸车总数。

2) 空车分配实施计划编制

实时推算路网中的空车分布状态，了解各站点空车的类型、数量等，根据路网空车分布及装车需求，按照“一卸、二排、三装”的原则，编制排空实施计划，再编制空车分配实施计划。

3) 装车工作实施计划编制

装车工作实施计划编制是指根据货物运单、货物列车开行方案按站别、品类、车种、去向统计装车需求，再结合列车运行图、排空实施计划、车站装卸作业能力安排装车实施计划，包括装车数量、内容、装车时间及装卸线安排，并按去向别统计装车总数。

4) 篷布运用实施计划编制

篷布运用实施计划编制是指统计篷布的分布状态以及路网篷布需求预报，根据货物运单、列车运行图、装车实施计划编制篷布运用实施计划，并实现对篷布运用信息的综合管理，实时更新篷布的运用状态。

5) 集装箱运用实施计划编制

集装箱运用实施计划编制是指统计集装箱的分布状态，特别是空箱分布，根据货物运单，编制集装箱运用实施计划，包括掏箱实施计划、空箱分配实施计划、装箱实施计划，实现对集装箱运用信息的综合管理，实时更新集装箱运用状态。

2. 车站技术作业实施计划编制

1) 到发线运用实施计划编制

到发线运用实施计划编制是指根据市场导向动态列车运行实施计划与货物列车开行方案，确定列车在车站的到发时刻，结合车站技术作业时间标准和股道使用规则，系统自动编制到发线运用实施计划，安排列车接发车进路及确定列车占用到发线的时间等。

2) 装卸线运用实施计划编制

装卸线运用实施计划编制是指统计装卸线能力利用情况，根据装车工作实施计划、卸车工作实施计划，编制装卸线运用实施计划，确定车站各装卸线的装卸车数量、内容、装卸时间及能力利用率等，实现对装卸线的统一管理。

3) 调车作业实施计划编制

调车作业实施计划编制是指根据调车作业时间标准、列车运行实施计划、装卸车工作实施计划、装卸线运用实施计划、列车编组内容，统计各站别的解编调车作业实施计划和取送车调车作业实施计划，并编制调车机车作业实施计划。

4) 冲突检查

冲突检查是指检查车站各项进路是否存在敌对进路或进路的重复使用，各项行车作业和技术作业是否合理，并反馈到列车运行实施计划。

5) 图形显示

图形显示是指显示车站站场平面图，并在站场平面图中显示车站的各项设备以及与列车技术作业联动的各项进路排列情况，能显示和绘制车站技术作业图，包括车站各项技术作业过程的联动情况。

5.2　系统功能需求分析

5.2.1　货物运输服务与营销计划编制

1. 货物运输业务办理

货物运输业务主要包括如下几个方面：

(1) 权限认证。通过计算机、手机等通信工具为用户提供注册登录界面，主要分为大客户会员和散户，并分别赋予用户操作权限和密码认证。

(2) 托运业务办理。通过互联网，客户在线申请货物托运，并提交有关货物的性质、质量、体积、运输起终站站名等货物基本信息，提交客户对加工、运输包装、仓储、装卸、运输条件、运输费用、运输时间、运输距离等要求信息，并在网上提交有关运输物资证明材料、运输包装等信息。

(3) 运输需求审核。运输需求审核包括自动审核和人工审核两个阶段，审核应结合实施计划编制反馈结果进行，系统根据预先设定好的条件对订单进行自动审核，自动审核不通过的订单交由人工审核。

(4) 运输方案提供。可以根据客户的自身需求(时间、运输期限、包装、仓储、加工、门到门需要等)，并结合当前天气、路线、车次、运能等信息，为客户提供货物运输计划，并对计划进行经济性分析，以方便客户做出相应的决策。

(5) 保险、保价业务办理。客户可以根据自己的需要办理保险或保价运输。

(6) 理赔业务办理。如在运输途中货物发生问题，客户可以通过互联网申请理赔。

(7) 运输合同的变更或解除。对已承运的货物，客户可在货物发送前提出取消托运，或客户、收货人可以根据需要提出变更到站、变更收货人等要求。

(8) 网上交易。根据客户需求，提供商品询价、报价与竞价、合同洽谈与签署等，以方便货物的在线采购和销售。

(9) 资金交易。根据客户需求，利用网络完成合同、订单、发票等票据往来、支付、退偿等一系列资金交易。

(10) 服务质量评价。托运人、收货人能对本次运输服务进行评价，以求得到质量更高、更满意的服务。

(11) 客户建议。在质量评价后，托运人、收货人可以对运输服务各个环节提出建议，便于铁路公司改善服务质量。

(12) 货物运输业务投诉。客户可以通过电话、网络、信函等方式对货物运输过程中各阶段产生的问题进行投诉，系统及时地向管理部门上报投诉信息。

(13) 在线咨询。用户可以通过在线咨询，询问货物运输相关问题。

(14) 特殊服务办理。用户可以根据自己特殊的运输需求，向铁路部门提出特殊运输需求。

2. 货物运输信息服务

货物运输信息包括如下方面：

(1) 货物运输法律、规章等文件信息。

(2) 所运货物需要提供的证明文件。

(3) 铁路货物运输需求满足率、运价、运到期限。

(4) 从托运申请到铁路相关部门受理的平均时间。

(5) 运力信息查询，如车辆信息、线路、通过能力、装卸能力、仓储能力等。

(6) 产品信息查询，如产品种类、运费、保险、保价等信息。

(7) 业务流程查询，客户可以查询托运、保险、保价、理赔等业务办理流程。

(8) 业务办理结果查询，客户可以实时查询托运、保险、保价、理赔等业务受理情况。

(9) 货物追踪与监控信息，包括货物实时信息、货物所在列车信息、货物状态信息、货物位置信息、货物换装信息、货物整理信息、货物交接信息、紧急情况救援信息(车辆救援信息、工务救援信息、电务救援信息、现场救援信息、货物状态及实时救援信息)。

(10) 铁路货物运输电子交易市场信息查询，可以实时在互联网上查询货物产量、销地需求量、销量、储量、仓储场等信息，为产供销结合提供基础信息。

(11) 催领通知，采取互联网、电话等各种形式及时通知客户卸车完成的时间，并向客户发出催领通知。

(12) 电子交易信息，包括全程费用详细信息、运价计算(运费、保险费、保价费、仓储费)、电子支付(电子货票)、退补款信息。

3. 货物运输营销

货物运输营销包括如下方面：

(1) 货物运输客户关系管理。收集客户市场信息、客户资料信息、客户历史服务信息、客户经营战略资源信息等，并与其他业务系统有机结合，实现客户咨询、注册、运输需求受理、装车、追踪、交付及理赔的全过程数据处理，建立快速、全面、准确的客户业务受理和信息服务机制，建立完善的绩效考评管理和完整的客户满意度评估体系，为客户提供更优质的服务体验。

(2) 客户档案分析。完善已建立的客户资料信息，整理和分析客户资料，加强与客户的联系，并通过对客户历史货物运输数据的挖掘和分析，提供更具个性化的服务。

(3) 个性化运输方案提供。根据客户在货物运输业务办理时提出的需求，向客户提供优质的货物运输产品。

(4) 大客户管理。大客户注册，提供大客户申请与审核流程，建立大客户综合信息库；签订大客户协议，包括协议生效的起始和结束时间、协议运费、结算周期、付费方式、必保运量及奋斗运量等。根据合作年限与信用、历史运量、企业影响力、忠诚度、保价费用统计额(在采用保价运输的前提下)等因素划分大客户等级，对不同等级的大客户赋予相应的受理优先级、运费优惠度。运费周期结算，大客户可按照协议中签订的结算周期及支付方式对周期内发生的所有订单进行统一支付，提供多种付费方式，包括预付、后付和现付。大客户流失预警机制，时刻关注大客户的需求变动及行为动态，建立大客户流失预警机制，设置报警阈值，当超过报警阈值之后即向营销人员发出提醒。

(5) 货物运输业务受理。按计划受理客户申请的业务，如托运、保险、保价、理赔等业务，并及时向客户发送受理情况信息。

(6) 货物运输过程监测。负责监视货物的运输过程，与计划执行的偏差，包括到卸的货物，报告实际运行情况与运输组织计划差距较大时自动生成的提示信息。

(7) 电子货票。实现货票信息一次入库、全面共享。

(8) 货物运输市场预测分析。通过对市场的调查、研究和分析，准确描绘出消费者对产品的预期需求以及市场上的供求状态、竞争状况等。实现销量预测、销地存量考察，由市场决定产品，得到更科学合理的营销策略，从而决定产量、运量。运输企业根据市场信息调整定位与策略，因时因地推出各种产品和服务，发挥示向作用，实现产、供、销一体化。

(9) 货物运输产品开发与设计。建立灵敏的物流体系，根据市场需求，调整产品结构，开发和完善运输新产品，以销定产，再根据货物运输产品制订运输计划，保证铁路局能有效完成运输任务，最终达到以运促产，形成以客户需求为中心的牵引式供应链体系。

(10) 运价策略制定。遵循竞争导向定价法和需求导向定价法，根据市场需求变化采取灵活的价格策略，使铁路局更具市场竞争力。

(11) 综合效益评估。建立评价指标体系，对铁路货物运输进行详细、全面的经济效益评估论证，为铁路货物运输组织的改革与发展提供依据。

(12) 服务质量管理。对客户运输需求受理、装车、追踪、交付及理赔的全过程评价、投诉信息进行管理，快速、准确地处理客户投诉并将处理结果及时反馈到管理系统。对货物在站滞留时间、货物运送速度等数据进行收集和管理，以期达到迅速、有效、人性化的货物运输服务。

(13) 客户满意度评估。建立评价指标体系，根据客户的评价数据，分为硬件环境(如货场环境等)、服务产品、作业效率、员工服务水平等方面对货物运输服务进行满意度评估，为进一步提高货物运输服务质量提供依据。

5.2.2　货物列车开行方案编制

货物列车开行方案具体是指确定货物列车的开行数量、开行等级、运行径路、到发站、编组内容的计划，实现车流向列车流的转变。影响货物列车开行方案的主要因素有车流资料、径路以及各站点、区间通过能力资料等，其中车流尤其重要，对于市场导向动态货物列车开行方案的编制，需要掌握市场导向货物运输实施计划实行期间路网动态的车流信息，以及基本货物列车编组计划规定的计划运量，汇总计划期内重、空车流，进行动态车流推算。同时，系统还需要推算路网中各线路、区段、车站、设备的能力及利用率，确定货物列车的运行径路等。在此基础上系统自动编制市场导向动态货物列车开行方案，提供人机交互功能手工调整货物列车开行方案，完成货物列车开行方案的审定与输出，提供相关报表的输出和打印功能。

5.2.3　列车运行实施计划编制

市场导向动态列车运行实施计划编制，在基本列车运行计划的基础上，系统能对相关的基础技术资料和计划进行管理和维护，根据货物运输实施计划与市场导向动态货物列车开行方案，动态挑选列车运行线，由系统自动完成市场导向动态列车运行实施计划的编制,提供人机交互功能手工调整列车运行计划，并完成计划的审批、上报与下达。此外，系统还应提供列车运行图的显示与输出，指标统计、列车运行计划分析评价以及相关报表的打印和输出功能。

5.2.4　机车运用实施计划编制

市场导向机车运用实施计划是铁路运输组织工作的一个重要组成部分，主要作用是经济有效地组织、使用机车，提高运输能力。机车运用实施计划主要根据列车运行实施计划和机车运用的相关作业标准，规定完成运输任务的机车工作量和对机车的需求量，绘制机车周转图，编制机车分配计划。因此，系统应能根据相关基础技术资料，包括机车运转制度、机车交路、司机乘务制度、司机乘务换班方式以及机车在自外段的技术作业时间标准等，结合市场导向动态列车运行实施计划自动编制市场导向动态机车运用实施计划，提供人机交互功能手工调整机车周转图，并提供机车周转图的显示、打印与输出功能。机车分配计划是根据机车交路图和机车的运用状态实绩，分配机车担当指定的机车交路。在编制完成的机车周转图的基础上，根据机车类型、机车配属段、机车的修程修制以及机车运用状态系统自动编制机车分配计划，生成机车分配计划表，提供相关报表的输出和打印功能。

5.2.5 车辆运用实施计划编制

市场导向动态车辆运用实施计划是在基本车底交路图以及基本车辆运用计划的基础上，根据市场导向列车运行实施计划，结合车辆运用的装卸、货检、列检、调车作业等技术作业时间标准掌握车辆实时的运用状态，并统计车辆运用计划的相关指标，包括使用车数、卸空车数、货车工作量、货车周转时间等，提供相关报表的打印和输出功能。此外，根据市场导向动态列车运行计划实施以及车辆的实时运用状态，系统还应该能自动编制车辆分配计划，提供人机交互手段手工调整车辆分配计划，并提供车辆分配计划的查询、打印输出功能。根据车辆修程修制、车辆履历以及车辆段检修能力，编制车辆检修计划，包括车辆扣修及车辆取送方案等。设置人机交互界面，提供车辆检修计划的查询、修改、删除功能以及相关报表的打印和输出功能等。

5.2.6 司机乘务实施计划编制

市场导向动态司机乘务实施计划编制是在基本乘务计划的基础上，根据市场导向动态列车运行实施计划、乘务规则、乘务基地分布等条件编制的。它对乘务司机的出乘时间及地点、担当车次、退乘时间及地点等做出具体安排，以确保列车运行计划的实现。乘务计划可具体分为乘务交路计划和乘务排班计划。

在市场导向动态列车运行图的基础上，结合乘务基地的分布和乘务规则等系统自动编制乘务交路计划，提供人机交互手段人工调整乘务交路计划，并对编制完成的乘务交路计划进行冲突检查，完成乘务交路计划的审批、上报、下达以及相关指标统计、报表的生成和输出等。乘务排班计划则是在市场导向动态列车运行实施计划与乘务交路实施计划的基础上，结合司机乘务动态、乘务工时标准编制乘务排班计划，提供计划的人机交互调整功能，并可对编制的乘务排班计划进行冲突检查，提供乘务排班计划的审批、上报、下达以及相关指标统计、报表的生成和输出功能等。

5.2.7 车站作业实施计划编制

为了更好地适应市场动态变化和铁路运力资源的动态变化，完成市场导向动态货物运输实施计划，实现市场导向动态货物列车开行方案、列车运行实施计划，需要根据具体情况编制车站作业实施计划，包括车站日常工作实施计划和车站技术作业实施计划。车站日常工作实施计划的编制依据主要有市场导向动态货物运输计划、货物列车开行方案、货物列车运行计划、机车周转图、各技术站段技术作业时间标准等，主要任务是掌握运用车保有量，及时了解和掌握装卸车情况。其中，车站日常工作实施计划包括装卸车工作实施计划、空车分配实施计划、篷布及集装箱运用实施计划，车站技术作业实施计划包括车站到发线运用实施计划、调车作业实施计划与装卸线运用实施计划。

第 6 章　动态列车运行图协同编制系统总体设计

6.1　系统研究目标

6.1.1　系统目标分析

1. 满足动态变化的运输市场需求

目前，由于货物运输市场需求的多样化及动态变化，在传统铁路货物运输组织方式下，铁路货物运输计划不能满足日常动态变化的货物运输市场需要，列车运行图对日常货物运输组织的实际指导意义不大。因此，市场导向动态列车运行图协同编制系统应能对动态变化的货物运输市场需求做出及时的反应。在铁路运输部门承运货物时，就编制出一套铁路货物全程运输计划，实现货物运输从源头到终点的一体化运输，为客户提供全程运输服务，并确保各环节紧密配合、高度协调，提高运输组织效率。

2. 系统应该具有自动化处理辅以人机交互的列车运行图编制解决方案

系统必须满足实用性、可靠性、先进性的要求，具备自动化列车运行图编制程度，以降低人工劳动强度，提高工作效率。另外，由于列车运行图编制的复杂性，具体列车运行图的编制因局而异、因站而异，具有一定的特殊性，对经验因素的依靠较多，因此又要提供大量的人工交互的界面和功能，这样不仅能降低人工劳动的强度，提高列车运行图编制的质量和效率，还能充分利用工作人员宝贵的现场经验，使列车运行图更加切合实际。

3. 满足各项作业计划编制的需要

系统应满足列车运行图及其相关作业实施计划编制的需要，并提供一定的辅助决策功能。

4. 满足不同部门工作人员协同工作的需求

列车运行图的编制需要由各级机构的相关部门的众多人员一起共同努力才能完成，具有典型的协同工作特点。具体来说，列车运行图工作涉及全国铁路运输的总体效益和各铁路局的局部利益，需要铁路局车务、机务、工务、电务、车辆等众多部门的人员参与，也涉及各个部门的利益问题，对于具体的编制人员，其任务、目标和利益各不相同，同时列车运行图是铁路运输组织工作的综合性技术计划，它的编制不可能分解为完全相互独立的个体工作，不可避免地存在着相互关联问题，每个人既要完成相对独立的局部范围的某类计划的编制工作，又要站在全局和整体计划的高度与其他人进行协调，因此系统必须建立在群体协同工作的基础上，各参与人员必须齐心协力才能高质量地完成列车运行计划的编制。

5. 满足全国铁路列车运行图通用性编制的需要

我国铁路线路复杂，设备条件各异，运输组织方式不一。就铁路线路的正线数目而言，有单线、双线、多线等不同的铁路线路；就铁路线路的信号制式而言，有自动闭塞信号，也有半自动闭塞信号；就铁路线路的等级而言，既有普通铁路，也有高速铁路；就铁路线路的运营组织方式而言，既有基于路网贯通运营进行跨线铁路运输的组织模式，也有在单一铁路线路内部封闭运行的运输组织模式。铁路线路有直线型、分支型、环状型等不同的拓扑结构，特别是枢纽地区岔线、联络线较多。系统应满足我国铁路不同线路和设备条件及运输组织模式的多方面要求，良好的通用性和适应性是系统最基本的前提和要求。

6. 满足我国铁路列车运行图编制管理模式的需要

目前我国铁路列车运行图编制实行两级管理体制，跨局列车由国家铁路集团组织铁路局编制，铁路局管内列车由铁路局负责编制。未来市场导向动态列车运行图协同编制系统编制通过成立全路列车运行图编制管理中心、铁路局列车运行图编制办公室等更加强化了运行图编制的两级管理体制，因此系统应满足铁路列车运行图编制管理模式现阶段和将来发展变化的需要。

6.1.2　系统目标确定

基于上述分析，市场导向动态列车运行图协同编制系统研究的开发目标是：研究市场导向动态列车运行图的协同化、智能化及系统化技术，以满足日常动态变化的货物运输市场需求，构建集市场导向动态列车运行图以及相关作业实施计划编制为一体的列车运行图编制系统软件。

6.2 系统总体架构与体系结构设计

6.2.1 系统总体架构设计

市场导向动态列车运行图协同编制系统，系统应能够自动编制列车运行实施计划及其相关作业实施计划。首先，系统应能够在实现基于群体协同的群件系统的基础上编制基本列车运行图，以满足不同列车运行图编制人员协同编制列车运行图的需求。在编制过程中，系统应该提供各种人机交互的功能，以充分利用列车运行图编制人员宝贵的经验。然后，在基本列车运行图以及与列车运行图相关的各项基本计划的基础上，依据市场日常动态变化的货物运输需求，结合日常运输生产实际的车流资料和运输统计分析资料，进行动态车流推算，编制市场导向动态货物列车开行方案，实现路网级计划协同编制；在此基础上，结合各区段的货物列车运行线配置及货物的运到期限限制条件，动态挑选列车运行线，实现流线结合的货物列车开行方案与列车运行图协同编制，完成市场导向动态列车运行实施计划以及其他相关作业实施计划的编制。同时，通过对运输统计资料及运行图指标的分析，提供较高的智能辅助决策水平。市场导向动态列车运行图协同编制系统总体设计构架如图 6.1 所示。

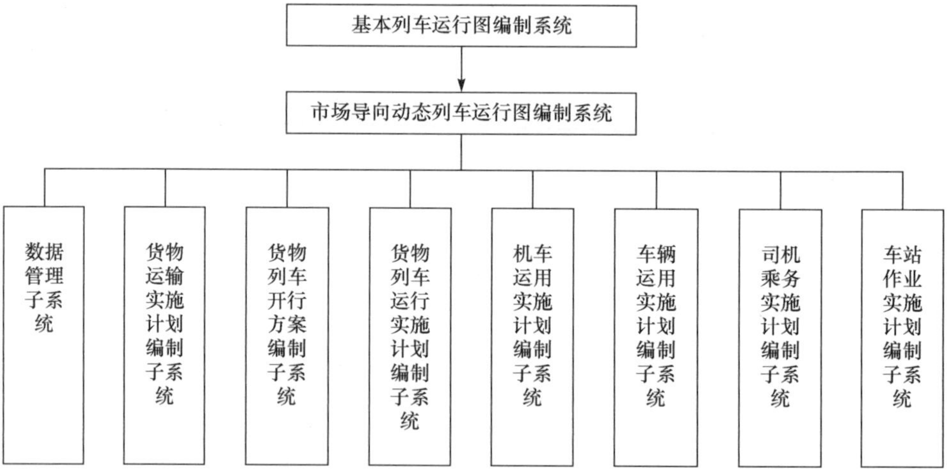

图 6.1 市场导向动态列车运行图协同编制系统总体设计构架

6.2.2　系统体系结构

信息系统通常使用两种开发模式：客户机/服务器(client/server，C/S)模式和 Web 浏览器/服务器(browser/server，B/S)模式[16]。

1. C/S 模式

C/S 模式一般包括两层结构，即服务器和客户机，服务器负责数据的维护和管理，接收来自客户机的请求，将数据传输给客户机，并允许多个客户机同时访问服务器，故对服务器的硬件要求较高；客户机通过局域网与服务器相连，并通过局域网向服务器发出请求，实现对数据库的操控，完成用户的交互任务。在 C/S 模式下，系统利用了客户机和服务器双方的智能、资源和计算机能力来完成任务。也就是说，负载由客户机和服务器双方共同承担[17,18]。

2. B/S 模式

B/S 模式是随着 Internet 技术的兴起对 C/S 模式的一种改进，属于三层 C/S 模式。第一层为浏览器(客户机)，它面向的对象是用户，只有简单的输入输出功能，负责处理极少部分的事务逻辑；第二层是 Web 服务器，起着信息传递和转换的功能，当用户想要访问数据库时，就会首先向 Web 服务器发出请求，由 Web 服务器将用户请求进行转换后传递给数据库；第三层是数据库服务器，是三层结构中最重要的一层，它存放了大量的数据，在接收到 Web 服务器发出的请求后，执行数据逻辑，运行结构化查询语言(SQL)语句进行处理，再将结果反馈给 Web 服务器，由 Web 服务器将结果进行转换后发送给浏览器[19,20]。

两种开发模式的优缺点对比情况如表 6.1 所示。

表 6.1　C/S、B/S 模式比较

比较项	B/S	C/S
服务器要求	服务器要求较高，服务器端负担较重	服务器的处理负载较低，可响应更多的请求
网络数据量	网络数据流量大、用户等待时间长	数据流量降低，网络的运行效率高
交互性	弱	强
适应性	弱	强
响应速度	较慢	较快

对于列车运行图编制系统，一方面，在列车运行图编制的各个环节，存在大量的人工决策，需要发挥列车运行图编制人员自身的能动性，必须提供灵活

的人机交互手段，通过人机对话对计算机自动生成的方案进行干预和修改；另一方面，对于列车运行图的编制管理，既需要集中统一、步调一致，也需要满足个性化、分散化的要求。交互性强是 C/S 模式固有的优点，在 C/S 模式中，客户端有一套完整的应用程序，在人机交互、出错提示、在线帮助等方面都有强大的功能，并且可以在子程序间自由切换。其次，操作界面漂亮，形式多样，可以充分满足客户自身的个性化要求。特别是采用 C/S 模式非常易于设计图形化的人机交互界面，采用 B/S 模式就困难得多。

此外，C/S 模式具有很强的适应性。在 C/S 模式中，客户机本身具有独立的业务功能，即使与服务器断开连接，也能在离线状态下运行，可满足列车运行图编制人员在单机模式下独立进行列车运行图编制和管理的需要，有利于实现个性化服务，方便列车运行图编制人员各自独立地完成自己的任务，这是 B/S 模式所难以替代的，而列车运行图的编制和管理工作的确存在着这种需要。

从响应速度来看，由于 C/S 模式在逻辑结构上比 B/S 模式少一层，而且 C/S 模式可以具有独立的数据和业务处理能力，C/S 模式与 B/S 模式相比中间环节少，因此对于列车运行图编制系统，C/S 模式的速度比 B/S 模式快。

综上所述，市场导向动态列车运行图协同编制系统宜采用 C/S 模式。

市场导向动态列车运行图协同编制系统由下至上可分为三个层次：数据访问层(DAL)为最低层，也是系统构建的基础；其次为业务逻辑层(BLL)，介绍系统构建的功能模块和关系结构；最顶层为表示层(UI)，即系统用户层。各层的具体功能如下。

表示层主要分为两个部分，即基本运输计划编制系统和市场导向动态货物运输实施计划编制系统。基本运输计划编制系统主要负责完成基本货物列车编组计划与列车运行图的编制，市场导向动态货物运输实施计划编制系统负责完成动态列车运行图的编制。

逻辑业务层关注业务规则的制定、业务流程的实现等与业务需求有关的系统设计，主要是市场导向动态列车运行图编制业务需求设计，包括数据管理、计划编制及数据输出三个部分。数据管理主要包括运输市场数据管理、基础数据管理和列车运行图数据管理，计划编制主要包括基本运输计划及运输实施计划的编制，数据输出包括计划输出、指标统计及数据分析等。

数据访问层即数据库层，主要包括市场导向动态列车运行图相关数据库的设计。

具体市场导向动态列车运行图协同编制系统体系结构如图 6.2 所示。

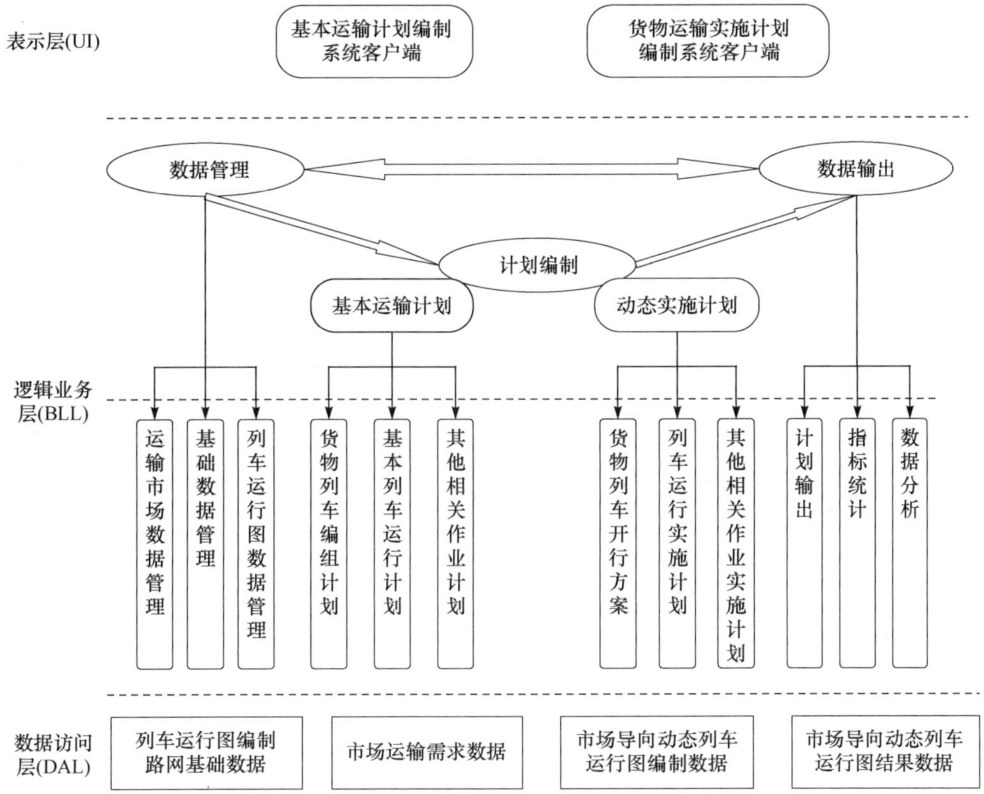

图 6.2　市场导向动态列车运行图协同编制系统体系结构

6.3　系统功能设计

6.3.1　数据管理子系统

市场导向动态列车运行图协同编制系统与基本列车运行图编制系统共用基础数据，动态列车运行图是在基本列车运行图的基础上编制的，确保了动态货物列车开行方案、动态列车运行实施计划及其相关作业计划与基本计划的一致性。数据管理子系统作为系统集中存储、处理数据的场所，为市场导向动态变化的列车运行图及其相关作业计划的编制提供了数据基础。通过导入、修改等操作更新系统中的数据，使其能够满足动态变化的市场需求，并支持数据的查询、合并和分解功能，方便计划编制不同阶段的数据需求。系统主要功能包括：技术资料及计划管理、自动生成相关技术参数、收集外部数据、导出数据、录入及修改数据、查询数据、合并整理数据、分解数据[21]。数据管理子系统功能结构如图 6.3 所示。

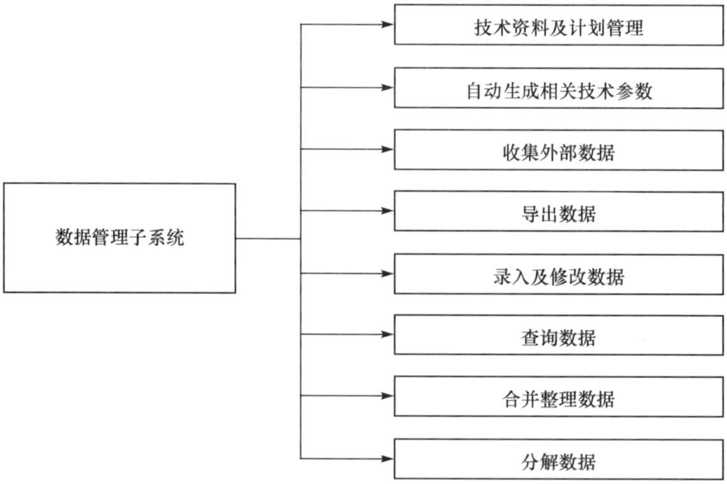

图 6.3　数据管理子系统功能结构图

数据管理子系统功能一览表如表 6.2 所示。

表 6.2　数据管理子系统功能一览表

功能点	业务功能描述
技术资料及计划管理	数据库结构版本管理、新建和初始化、保存、备份、日志管理等，每次重新编制或调整的各计划编制结果及资料(见录入及修改数据)都需要按编制日期和用途留存
自动生成相关技术参数	自动计算生成计划编制所需的相关技术资料，如通过牵引计算生成列车运行时分等
收集外部数据	市场动态货物运输需求信息、运输统计分析资料的导入，客货物运输里程等本系统外部数据的接收，本系统其他数据库任意部分数据的导入
导出数据	导出生成 Excel、文本、CAD、GIS 等各种类型的文件
录入及修改数据	按用户角色(专业工种)和管辖范围(国家铁路集团、铁路局、铁路局内管辖片区)进行技术资料的录入和修改，例如，运输专业可输入和修改线路、区间、车站等基础数据和列车运行参数等，客运专业可输入和修改客车营业停时等，数据的录入需要自动赋值、缺省赋值等，基础数据的修改需要进行数据一致性自动维护，即对车站、区间、径路等数据修改后，应自动修改其后续关联数据。资料包括文字、数字、图形信息等，并进行数据合法性和完备性检查
查询数据	包含统计数据、个性化的单个业务数据或数据集合等的查询
合并整理数据	将局部区域(铁路局、铁路局管内片区)数据库合并成为整体区域(国家铁路集团、铁路局)的数据库，或根据局部区域的数据库更新整体区域的数据库
分解数据	将整体区域的数据库分解为局部区域的数据库，可按系统中预设的管辖范围进行划分，也可按用户自定义范围进行分解

6.3.2　货物运输实施计划编制子系统

市场导向动态货物运输实施计划编制就是在基本货物运输计划的基础上，汇总短时间各装车点的货物运量、货物品类、运输方向等货物运输需求，以货物实时运单为基础编制满足市场需求的短时间(5～7 天)的货物运输计划，将动态的货流转变为车流。货物运输实施计划编制子系统功能具体包括技术资料准备、计算机编制货物运输计划、人机交互调整货物运输计划和指标统计，如图 6.4 所示。

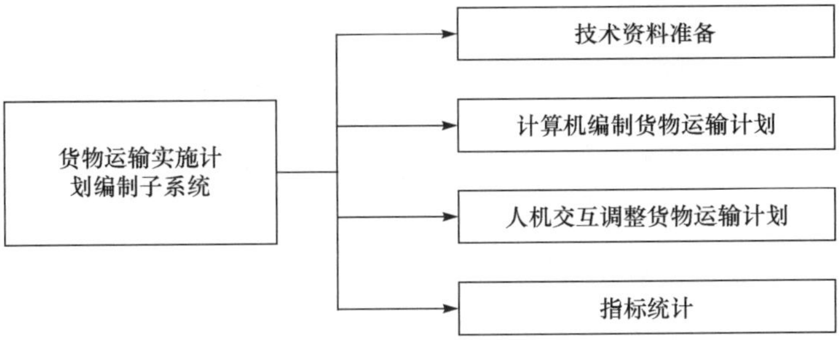

图 6.4　货物运输实施计划编制子系统功能结构图

市场导向动态货物运输实施计划编制子系统功能一览表如表 6.3 所示。

表 6.3　货物运输实施计划编制子系统功能一览表

功能点	功能拆分	业务功能描述
技术资料准备	导入基本货物运输计划	导入长远货物运输计划、年度货物运输计划、月度货物运输计划等基本货物运输计划，以基本运量、品类、方向等信息为基础编制货物运输实施计划
	导入市场需求信息	导入市场需求信息，包括客户随时提报的“实货”以及提前确定的日历别装车需求，以满足实时货物运输需求为目标编制货物运输实施计划
	检查信息	对信息进行合理性和完整性检查
	预处理数据	生成系统的派生数据
计算机编制货物运输计划	编制发到局货物品类运输计划	计算机自动编制发到局货物品类运输计划，包括货物品类、发送量、载重量、装车数、发局、到局、限制口等信息
	编制货物品类装车计划	计算机自动编制货物品类装车计划，包括发局、货物品类、装车数等信息
	编制港口货物品类装卸车计划	计算机自动编制港口货物品类装卸车计划，包括港口、铁路局、货物品类、运量等信息
	编制直达列车、短途整列和成组装车计划	计算机自动编制直达列车、短途整列和成组装车计划，包括发站、到站、货物品类、运量、列车种类等信息
	编制卸车计划	计算机自动编制卸车计划，包括到站、卸车数、车种、收货人等信息

续表

功能点	功能拆分	业务功能描述
人机交互调整货物运输计划	发到局货物品类运输计划调整	通过增加、修改、删除操作调整货物品类、发送量、载重量、装车数、发局、到局、限制口等信息
	货物品类装车计划调整	通过增加、修改、删除操作调整发局、货物品类、装车数等信息
	港口货物品类装卸车计划调整	通过增加、修改、删除操作调整港口、铁路局、货物品类、运量等信息
	直达列车、短途整列和成组装车计划调整	通过增加、修改、删除操作调整发站、到站、货物品类、运量等信息
	卸车计划调整	通过增加、修改、删除操作调整到站、卸车数、车种、收货人等信息
指标统计	计算"实货"装车兑现率	计算货物运输计划所满足的"实货"运输需求的比例
	直达方案兑现率	计算货物运输计划所能达到的直达方案兑现率

6.3.3 货物列车开行方案编制子系统

货物列车开行方案具体指确定货物列车的开行数量、开行等级、运行径路、到发站、编组内容的计划，实现车流向列车流的转变。影响货物列车开行方案的主要因素有车流资料、径路以及各站点、区间通过能力资料等，其中车流尤其重要，对于市场导向动态货物列车开行方案的编制，只有掌握货物运输实施计划实行期间市场货物运输需求、计划运量以及路网空重车流分布情况，才能合理地安排列车开行。

货物列车开行方案是货物列车编组计划在短时间内的体现形式，其主要作用是合理、高效地完成车流组织工作，将车流转变为列车流，使市场导向动态货物运输实施计划与市场导向动态列车运行实施计划紧密地结合起来，市场导向动态货物列车开行方案的编制具体包括以下内容：数据资料及计划管理、动态车流推算、点线能力推算、运行径路确定、货物列车开行方案编制、货物列车开行方案显示与输出、信息查询等，如图 6.5 所示。

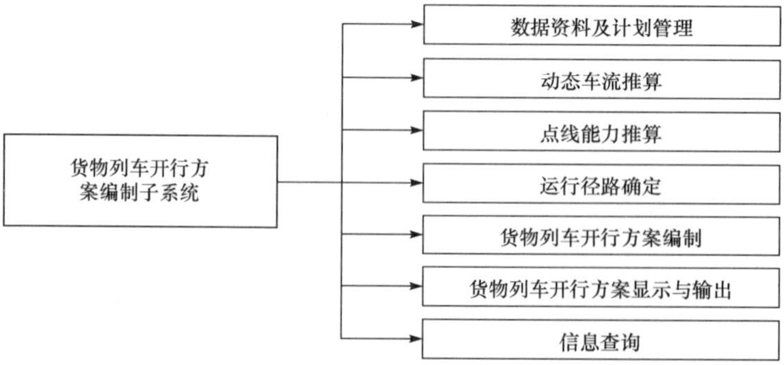

图 6.5 货物列车开行方案编制子系统功能结构图

市场导向动态货物列车开行方案编制子系统功能一览表如表 6.4 所示。

表 6.4　货物列车开行方案编制子系统功能一览表

<table>
<tr><th>功能点</th><th colspan="2">功能拆分</th><th>业务功能描述</th></tr>
<tr><td rowspan="6">数据资料及计划管理</td><td colspan="2">车流资料</td><td>从货物运输实施计划导入货物列车开行方案实行期间就已确定的计划车流、路网车流实时的分布情况，并能对数据进行存储、管理、更新</td></tr>
<tr><td colspan="2">点线能力资料</td><td>从其他终端导入有关各线通过能力，各区段长度、运行时间、货物列车牵引定数和换长，各技术站的设备、技术作业过程及时间标准等资料，并能对数据进行存储、管理、更新</td></tr>
<tr><td colspan="2">编组计划资料</td><td>从其他终端导入货物列车编组计划资料，并结合货物运输实施计划计算列车平均编成辆数、货车集结时间、货车无改编通过技术站的时间标准等各项技术标准</td></tr>
<tr><td colspan="2">导入基本列车运行图</td><td>本系统与基本列车运行图编制系统共用一套数据，故导入基本列车运行图信息</td></tr>
<tr><td colspan="2">数据检查</td><td>对数据进行合理性和完整性检查</td></tr>
<tr><td colspan="2">预处理数据</td><td>生成系统的派生数据</td></tr>
<tr><td rowspan="14">动态车流推算</td><td rowspan="3">装车流推算</td><td>运单导入及管理</td><td>从其他终端导入已审批完成的货物运单并进行管理，提供货物运单人工输入、增加、修改、删除功能</td></tr>
<tr><td>运单车流量统计</td><td>根据已经审批完成的货物运单，按站别、方向别、品类别、货物的发到站汇总统计车流</td></tr>
<tr><td>装车流统计</td><td>根据统计的车流信息，由计算机自动生成站别、方向别、品类别的装车量，并汇入重车流</td></tr>
<tr><td rowspan="2">结存车推算</td><td>站存车编辑</td><td>提供站存车的录入、修改、删除</td></tr>
<tr><td>站存重车入流</td><td>将站存车汇入重车流</td></tr>
<tr><td colspan="2">到达重车流入流</td><td>根据列车运行状态，推算列车到达车站时间，并将到达重车汇入重车流</td></tr>
<tr><td colspan="2">分界口重车流入流</td><td>推算分界口接入重车，并将重车汇入重车流</td></tr>
<tr><td colspan="2">重车流推算</td><td>根据推算时间段，汇总车流，推算重车流的数量和去向</td></tr>
<tr><td colspan="2">卸车数推算</td><td>推算各站的卸车数量</td></tr>
<tr><td colspan="2">卸车数入流</td><td>各站的卸车数量，减去装车需求，剩余空车汇入空车流</td></tr>
<tr><td colspan="2">站存空车入流</td><td>将站存空车汇入空车流</td></tr>
<tr><td colspan="2">到达空车入流</td><td>根据列车运行状态，推算列车到达车站时间，并将到达空车汇入空车流</td></tr>
<tr><td colspan="2">分界口空车入流</td><td>推算分界口接入空车，并将空车汇入空车流</td></tr>
<tr><td colspan="2">空车流推算</td><td>根据推算时间段，汇总车流，推算空车流的数量和去向</td></tr>
</table>

续表

功能点	功能拆分		业务功能描述
点线能力推算	车站	技术资料管理和维护	各技术站的设备资料、技术作业过程及时间标准资料管理和维护
		通过能力推算	计算车站通过能力，并通过车流推算的结果计算车站通过能力利用程度
		解编能力推算	计算车站解编能力，并通过车流推算的结果计算车站解编能力利用程度
		装卸能力推算	计算车站装卸作业能力，推算能力利用程度
	线路	技术资料管理及维护	线路运行区段长度、运行时间标准、货物列车牵引定数和换长等基础技术资料管理和维护
		通过能力推算	计算各线通过能力，推算线路通过能力利用程度
运行径路确定	计算运输距离		计算车流从始发站至终到站的全部里程，可选择多条径路分别计算，计算机自动进行比选，也可以人工选择某条径路进行计算
	计算运送时间		计算车流从始发站至终到站所需要的时间，可选择多条径路分别计算，再结合货物运到期限，计算机自动计算车流径路运送时间，也可以人工选择某条径路进行计算
	运行径路确定		综合考虑运输距离、运输时间、各区段的通过能力、各站改编能力及其利用程度，计算机自动匹配合理的径路
货物列车开行方案编制	计划编制参数设置		对选中的区域范围(线路、区间、车站)以及影响货物列车开行方案编制的因素(如列车平均编成辆数、货车集结时间、货车无改编通过技术站的节省时间标准)等参数进行设置
	计算机自动编制出发列车		根据车流推算的结果、编组计划、车站技术作业时间标准、车流运行径路、货物运到期限编制出发列车，包括到发站、列车等级、列车种类、开行对数、编组内容、运行径路、有效开行时段等
	列车编组内容检查		检查列车编组内容是否满足要求，包括编组计划要求、到站、运到期限要求等
	人机交互调整出发列车		人工调整出发列车编制结果
	出发列车手工编制		针对特殊种类的列车，提供手工编制出发列车功能
	指标统计		统计货物列车开行方案的各项指标，包括出发列车的开行等级、列车种类、开行数量、到发站、车次、编组内容、运行径路等内容，并提供报表输出与打印功能
货物列车开行方案显示与输出	计划图表显示		货物列车开行方案显示
	计划图表绘制		可根据不同的需求绘制不同显示内容、显示风格的计划图表
	计划图表输出		提供多种接口的报表输出与打印功能
信息查询	按计划执行时段查询		依照计划执行时段，查询货物列车开行方案
	特定列车查询		可通过车次查询列车的开行方案
	历史开行方案查询		可以查询以往编制过的开行方案及兑现率

6.3.4　列车运行实施计划编制子系统

市场导向动态列车运行实施计划编制，即在基本列车运行计划的基础上，根据货物运输实施计划与货物列车开行方案，完成列车运行实施计划的编制。其主要任务是在基本列车运行图上为市场导向动态货物列车开行方案中确定的列车选择和绘制列车运行线，并完成计划的审批与下达。列车运行实施计划编制子系统的主要功能包括技术资料准备、生成列车初始方案点、计算机自动编制列车运行实施计划、人机交互调整列车运行计划、列车运行计划审批、计划编制结果上报与下达、指标统计及评价、列车运行计划显示及输出，如图 6.6 所示。

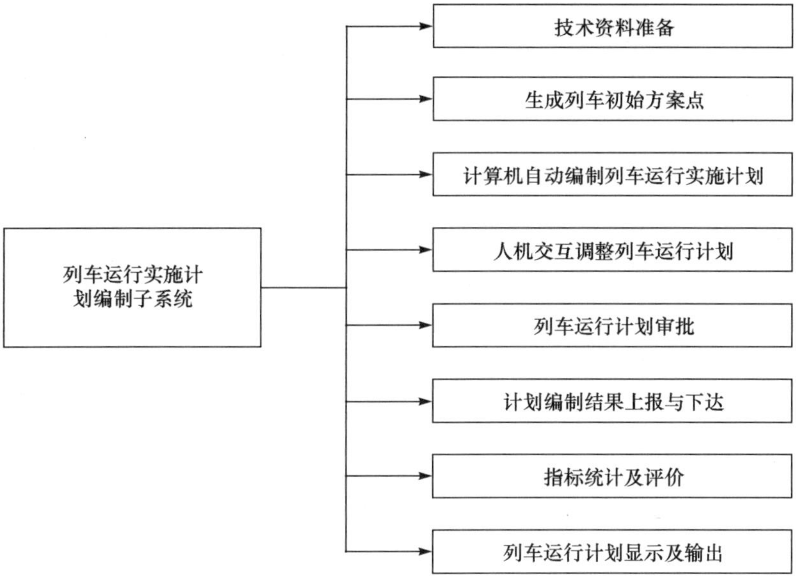

图 6.6　列车运行实施计划编制子系统功能结构图

市场导向动态列车运行实施计划编制子系统功能一览表如表 6.5 所示。

表 6.5　列车运行实施计划编制子系统功能一览表

功能点	功能拆分	业务功能描述
技术资料准备	基础数据导入	本系统与基本列车运行图编制系统共用一套数据，从基本列车运行图编制系统中导入基础数据，包括列车区间运行时分，列车在站停站时间标准，列车在技术站、客运站和货物运输站的技术作业过程及主要时间标准，车站间隔时间标准，追踪列车间隔时间标准，列车起停附加时分，各区段通过能力，线路允许速度，货物列车重量标准，机车在基本段及折返段所在站的停留时间标准，施工计划及慢行地段、慢行速度等

续表

功能点	功能拆分	业务功能描述
技术资料准备	读取基本列车运行图	读取基本列车运行图，在基本列车运行图的基础上铺画日常动态变化的列车运行线
	读取货物列车开行方案	读取货物运输实施计划与货物列车开行方案，并对数据进行管理和维护
	检查数据	对信息进行合理性和完整性检查
	预处理数据	生成系统的派生数据
生成列车初始方案点	生成列车始发站、终到站时刻方案点	根据货物运到期限要求，计算机自动生成列车在始发站、终到站的初始时刻方案点
	生成限制区间列车时刻方案点	生成列车在限制区间的初始时刻方案点
	生成指定区间列车时刻方案点	生成列车在指定区间的初始时刻方案点
	列车方案点调整	人工调整列车方案点
计算机自动编制列车运行实施计划	列车运行图编制参数设置	对列车运行图编制模式、选定的区域范围(选中的线路、区间)、运行计划影响因素(如天窗限制、时刻进整、到发线安排、间隔时间检查、低等级列车是否影响高等级列车)等参数进行设置
	正向铺画单条列车运行线	按列车行进方向逐站递推自动铺画列车运行线，运行线之间应满足在区间和车站上的时间间隔要求等各种约束条件，还要考虑列车对设备如到发线、库线、车底等的占用和设备运用对行车的制约如限制停车等，另外，运行线的铺画要考虑质量要求，如旅行速度、能力占用、货物运到期限要求
	反向铺画单条列车运行线	逆列车行进方向自动铺画列车运行线
	双向铺画单条列车运行线	从指定车站正向和反向同时自动铺画列车运行线
	列车运行图自动铺画	根据货物运输实施计划、货物列车开行方案以及列车初始布点方案，计算机自动编制和调整选定区域范围和列车类别的货物列车运行线
	接发列车股道自动分配	安排列车在车站的股道占用
	始发终到列车库线自动分配	安排列车在始发或终到车站的库线占用
	约束条件检查及冲突消解	包括列车在车站及区间的时间间隔、天窗、限制停车等的冲突检查和消解
人机交互调整列车运行计划	人工输入列车时刻点	基于列车时刻列表界面和列车运行参数智能计算及人工调整，实现列车时刻点的人工输入，满足按标尺输点和人工强行不按标尺输点的需要
	人工绘制运行线	手动绘制出发列车、直达列车、直通列车的运行线，或为绘制的运行线手动指定列车

续表

功能点	功能拆分	业务功能描述
人机交互调整列车运行计划	移动列车方案点	对列车始发点、终到点、指定区间方案点进行向左或右的平行移动
	平移运行线	对列车运行线进行左右平行移动
	锁定/解锁运行线	对已调整完成后的运行线，锁定操作后，不再修改
	运行线编辑锁定	同一个列车运行图编制区段同时只能有一个人进行修改操作
	正向推线	按列车行进方向铺画列车运行线
	反向推线	逆列车行进方向铺画列车运行线
	双向推线	从指定车站正向和反向同时铺画列车运行线
	交换运行线	交换两条运行线的车次及运行参数信息
	变更列车运行参数	对列车的车次、始发终到站、运行径路、运行种类、停站时分等各种运行参数进行修改
	重新分配列车车次	对同类列车按时间顺序和车次重新排定列车车次
	擦线	以橡皮擦功能擦除整条或部分列车运行线
	分解列车	为了将既有列车变成两辆不同的列车，首先需要将一辆列车分解成两辆列车，然后进行车次变更
	删除列车	删除列车全部信息
	复制列车	复制与现有列车运行区段及属性相同的列车
	增加列车	增加一辆新的列车
列车运行计划审批	列车运行图检查	对编制结果是否符合技术条件进行检查
	列车运行线的审定	完成国家铁路集团、铁路局对指定列车始发终到时刻点、分界口时刻点的审定会签功能以及客户提出的特定货物运输需求
	列车运行计划审批	国家铁路集团对列车运行计划进行审批，确认编制结果
计划编制结果上报与下达	向下属职能部门下达计划编制结果	将编制的列车运行计划编制结果下达至各铁路局运输处、调度所等处，需要签收
	下属职能部门上报计划编制结果	各铁路局运输处、调度所将完成的列车运行计划编制结果上传至国家铁路集团，需要签收
指标统计及评价	货物列车运行计划指标统计	系统可以计算出货物列车运行计划的各项指标，包括开行的列车种类、列车数、技术速度、旅行速度、速度系数、在技术站的技术作业停留时间以及装卸作业停留时间、平均停站时间、总停站时间以及其他自定义的指标。进行各类指标统计和 Excel 报表生成
	列车运行图评价	对编制结果的指标进行评价

续表

功能点	功能拆分	业务功能描述
列车运行计划显示及输出	列车运行图绘制	生成运行图图形数据并显示图形，包含构成运行图框架的站名线、时间线、指标表格线、公里标表格线等，以及列车运行线。为便于图形浏览，需要将站名区、时间区、运行图框架及运行线区分开，以便运行图放大后浏览时，站名与运行图之间、时间与运行图之间的联动
	辅助信息显示	当鼠标接近图形对象或选中目标对象时，显示相关信息，执行某项任务后，显示提示信息和相关结果
	图形浏览辅助功能	图形放大、缩小、还原，区域放大、缩小(横轴、纵轴)
	显示参数设定	设定运行线(宽度、颜色)、标注(字体、颜色、大小)、运行图格式(纵轴上 2 分格、10 分格、小时格设定)
	列车运行图绘制范围设定	为方便显示不同区域的列车运行图，可根据指定的条件如按列车车次、线路、径路等快速设定运行图显示范围，也可手工设定
	列车运行计划输出	根据选定的范围打印输出运行图

6.3.5　机车运用实施计划编制子系统

机车运用计划是铁路运输组织工作的一个重要组成部分，主要作用是经济有效地组织、使用机车，提高运输能力。机车运用计划主要根据列车运行计划和机车运用的相关作业标准，规定完成运输任务的机车工作量和对机车的需求量，绘制机车周转图，编制机车分配计划。机车周转图的编制是根据机车运转制、机车交路、司机乘务制度、司机乘务换班方式以及机车在自外段的技术作业时间标准，在列车运行图的基础上给列车以动力配置。机车分配计划是根据机车交路图和机车的运用状态实绩，分配机车担当指定的机车交路。市场导向动态机车运用实施计划编制分为技术资料准备、机车周转图编制和机车分配计划编制三部分。通过对机车运用数量指标和机车运用质量指标的统计，提高机车的运用效率。市场导向动态机车运用实施计划编制子系统功能结构如图 6.7 所示。

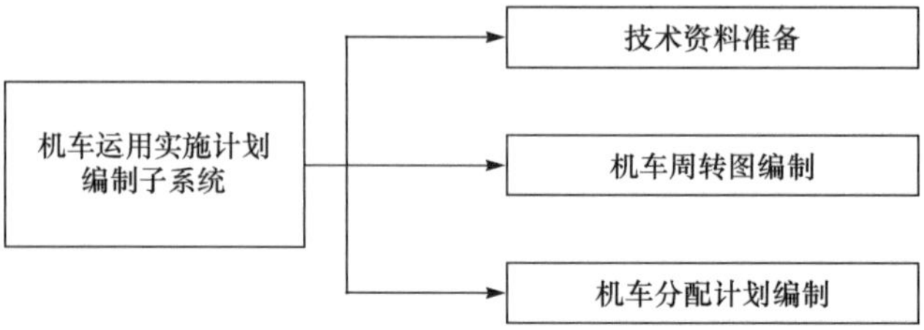

图 6.7　机车运用实施计划编制子系统功能结构图

市场导向动态机车运用实施计划编制子系统功能一览表如表 6.6 所示。

表 6.6　机车运用实施计划编制子系统功能一览表

功能点	功能拆分		业务功能描述
技术资料准备	机车运用状态推算		根据实时机车信息，推算运用机车和非运用机车位置信息
	导入运行图信息		导入全路列车运行调整图
	导入车站机务段作业信息		导入机车基本段、折返段作业时间标准
机车周转图编制	参数设置		编制日期、区段等属性的设置
	计算机自动编制机车周转图		根据选定的编制日期、区段、机车运用状态、列车运行图，机车在基本段、折返段的作业时间标准自动编制机车周转图
	人机交互调整机车周转图	信息显示	显示人工调整交路所需要的各项信息
		机交线编辑	添加、删除机交线
		运行线编辑	添加、删除、修改、移动运行线
		车站机车接续调整	生成车站的机车接续
	图形显示	机车周转图绘制	生成机车周转图图形数据并显示图形
		辅助信息显示	当鼠标接近图形对象或选中目标对象时，显示相关信息，执行某项任务后，显示提示信息和相关结果
		图形浏览辅助功能	图形放大、缩小、还原，区域放大、缩小
		显示参数设定	设定运行线以及机车接续线(宽度、颜色)、标注(字体、颜色、大小)、运行图格式等
	机车周转图编制结果检查	编制结果检查	对编制结果是否符合技术条件进行检查
		机车周转图审批	国家铁路集团对机车周转图进行审批，确认机车周转图编制结果
	指标统计		计算出机车周转图各项效率指标，进行各类指标统计和 Excel 报表生成
	机车周转图打印及输出		依据设置的绘图参数、绘图范围打印输出机车周转图
机车分配计划编制	参数设置		编制日期、交路、机车类型等属性的设置
	机车分配计划自动编制		根据机车周转图、机车类型、机车配属段、机车的修程修制以及机车运用状态编制机车分配计划，并生成机车分配计划表
	人机交互调整机车分配计划	信息查询	提供人工调整车辆分配计划所需要的各项信息查询功能
		车次编辑	添加、删除车次
		机车状态编辑	机车运用状态调整
		机车担当区间编辑	机车担当区间调整

续表

功能点	功能拆分		业务功能描述
机车分配计划编制	图形显示	机车分配计划表绘制	生成机车分配计划表，包括车次号、机型、牵引定数、机车台数、担当交路、出入段时间等信息
		显示参数设定	设定运行线(宽度、颜色)、标注(字体、颜色、大小)、机车分配计划表属性设定
	机车分配计划编制结果检查	编制结果检查	对车辆分配计划的合理性进行检查
		机车分配计划审批	国家铁路集团对机车分配计划进行审批，确认机车分配计划编制结果
	指标统计	机车运用数量指标	计算机车走行公里、总重吨公里、机车供应台次等指标
		机车运用质量指标	计算机车全周转时间、机车需求辆数、机车日车公里、列车平均总重、机车日产量等指标
	机车分配计划表打印及输出		依据设置的绘图参数，提供机车分配计划表打印输出功能

6.3.6 车辆运用实施计划编制子系统

市场导向动态车辆运用实施计划是在基本车底交路图以及基本车辆运用计划的基础上，根据市场导向动态列车运行实施计划，结合车辆运用的装卸、货检、列检、调车作业等技术作业时间标准掌握车辆实时的运用状态，编制车辆分配计划和车辆检修计划，具体包括三个部分：掌握车辆实时运用情况，统计车辆运用计划的相关指标，包括使用车数、卸空车数、货车工作量、货车周转时间等，并提供相关报表的打印和输出功能；编制车辆分配计划，根据市场导向动态列车运行实施计划以及车辆的实时运用状态，系统自动编制车辆分配计划，提供人机交互手段手工调整车辆分配计划，并提供车辆分配计划的查询、打印输出功能；编制车辆检修计划，根据车辆修程修制、车辆履历以及车辆段检修能力，系统自动编制车辆检修计划，包括车辆扣修及车辆取送方案等，设置人机交互界面，提供车辆检修计划的查询、修改、删除功能以及相关报表的打印和输出功能等。市场导向动态车辆运用实施计划编制子系统功能结构如图 6.8 所示。

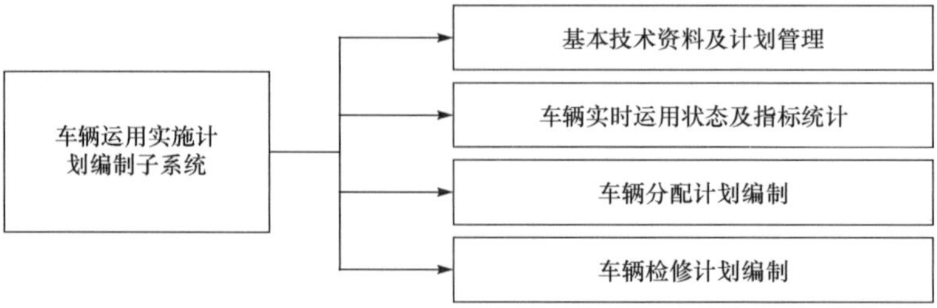

图 6.8　车辆运用实施计划编制子系统功能结构图

市场导向动态车辆运用实施计划编制子系统功能一览表如表 6.7 所示。

表 6.7　车辆运用实施计划编制子系统功能一览表

功能点	功能拆分		业务功能描述
基本技术资料及计划管理	导入基本车辆运用计划		从其他终端导入基本车辆运用计划，以此为基础编制市场导向动态车辆运用实施计划
	导入运行图信息		导入市场导向动态列车运行图
	基本技术资料管理和维护		提取运行图数据库中的基础技术资料，包括车辆的装卸、货检、调车作用技术作业时间标准等，并进行管理和维护
	检查数据		对信息进行合理性和完整性检查
	预处理数据		生成系统的派生数据
车辆实时运用状态及指标统计	范围设置		设置计划编制范围
	车辆实时运用状态生成		根据市场导向动态货物列车开行方案与列车运行实施计划，系统自动生成车辆运用状态表，包括车辆所处位置、具体运用状态、是否装载、去向、编组列车等内容，提供人机交互手段人工调整车辆运用状态表，提供相应的打印输出功能
	车辆运用指标统计	使用车数统计	根据车辆实时运用状态，统计划定范围内的使用车数量
		卸空车数	根据车辆实时运用状态，统计划定范围内的卸空车数
		货车工作量	根据车辆实时运用状态，统计划定范围内完成的货车周转次数即货车工作量
		货车周转时间及其他相关指标	根据车辆实时运用状态，统计划定范围内的货车周转时间和其他相关指标，如分界站交接重空车数
	指标输出		提供车辆运用指标的相关报表输出与打印功能
车辆分配计划编制	编制范围设定		设置车辆分配计划编制的范围(包括车辆段、车辆类型)
	自动编制车辆分配计划		根据车辆实时运用状况、车辆类型、车辆配属段、车辆的修程修制以及推算的车辆运用状态实绩和位置分布编制车辆分配计划，并生成车辆分配计划表
	图形显示		绘制车辆分配计划表，表格显示参数设定
	人机交互调整车辆分配计划	信息显示	提供人工调整车辆分配计划所需要的各项信息显示功能
		分配计划编辑	通过表格调整车辆分配计划表

续表

功能点	功能拆分		业务功能描述
车辆分配计划编制	车辆分配计划编制结果检查	编制结果检查	对车辆分配计划的合理性进行检查
		车辆分配计划审批	国家铁路集团对车辆分配计划进行审批，确认车辆分配计划编制结果
	指标统计		包括货车日车公里、货车日产量等指标
	车辆分配计划绘制		依据设置的绘图参数，提供车辆分配计划表打印输出功能
车辆检修计划编制	车辆履历推算		根据车辆的运行实绩，自动推算车辆的履历和位置
	自动编制车辆检修计划		根据车辆修程修制、车辆检修能力、检修作业时间标准，编制车辆检修计划(包括定检到期和故障车扣修及回送计划)
	图形显示		显示车辆检修计划图表，设置车辆检修计划显示范围
	人机交互调整车辆检修计划	信息显示	提供人工调整车辆检修计划所需要的各项信息显示功能
		检修计划编辑	直接输入修改检修作业内容、地点、时间
	车辆检修计划编制结果检查	编制结果检查	对车辆检修计划的合理性进行检查
		车辆检修计划审批	国家铁路集团对车辆检修计划进行审批，确认车辆检修计划编制结果
	指标统计		按照车辆种类、作业种类统计日统计扣修车辆数量和 Excel 报表生成
	车辆检修计划绘制		依据设置的绘图参数，提供车辆检修计划表打印输出功能

6.3.7　司机乘务实施计划编制子系统

市场导向动态司机乘务实施计划编制是在基本乘务计划的基础上，根据市场导向动态列车运行实施计划、乘务规则、乘务基地分布等条件编制的。它对乘务司机的出乘时间及地点、担当车次、退乘时间及地点等做出具体安排，以确保列车运行计划的实现。列车运行图给定了必须完成的乘务任务，乘务规则限定了乘务司机工作的时间，乘务基地分布表明车站是否是乘务基地以及能否进行乘务司机换乘。乘务计划可具体分为乘务交路计划和乘务排班计划。乘务交路计划由全体乘务交路构成。乘务交路是指乘务司机按照一次乘务总时间、乘务折返接续时间、连续乘务时间等乘务规章制度，从乘务基地出发开始，完成具体的乘务任务并且最后返回乘务基地车站的全过程。乘务排班计划是在乘务交路计划制订好的前提下进行的，即每天给每条交路安排好乘务司机，形成乘务连续值乘的排班计划。乘务排班计划需要确定乘务司机在一个周期中每日值乘任务或者休息时间的详细安排。市场导向动态司机乘务实施计划编制子系统具体包括技术资料准备、司机乘务交路计划编制和司机乘务排班计划编制。

市场导向动态司机乘务实施计划编制子系统功能结构如图 6.9 所示。

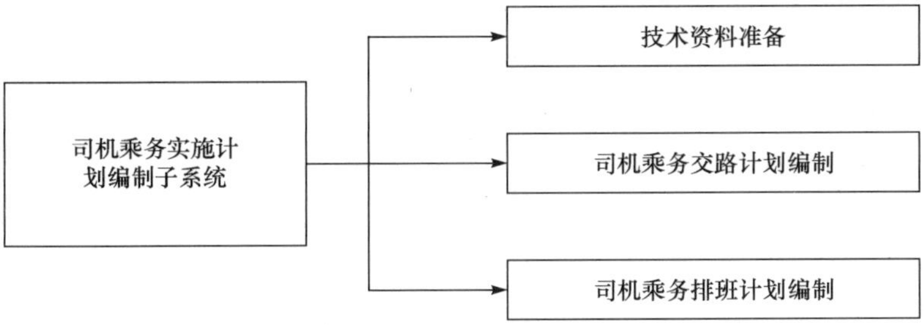

图 6.9　司机乘务实施计划编制子系统功能结构图

市场导向动态司机乘务实施计划编制子系统功能一览表如表 6.8 所示。

表 6.8　司机乘务实施计划编制子系统功能一览表

功能点	功能拆分		业务功能描述
技术资料准备	导入基本司机乘务计划		从其他终端导入基本司机乘务计划，以此为基础编制市场导向动态司机乘务实施计划
	导入列车运行图信息		导入列车运行调整图
	导入司机乘务基地分布		从其他终端导入路网司机乘务基地分布信息
	导入司机乘务规则信息		导入司机乘务方式及司机乘务作业时间标准等司机乘务规则
	导入司机信息		导入司机基本信息
司机乘务交路计划编制	编制范围设置		值乘区段、值乘车次范围的设置
	计算机自动编制司机乘务交路计划	司机乘务交路段划分	依据市场导向动态列车运行、司机乘务基地分布和司机乘务规则，将担当车次划分生成司机乘务交路段
		司机乘务交路计划生成	根据司机乘务规则、换乘站设置，将司机乘务交路段组合生成司机乘务交路计划

续表

功能点	功能拆分		业务功能描述
司机乘务交路计划编制	人机交互调整司机乘务交路计划	信息显示	显示人工调整交路所需要的各项信息
		司机乘务交路段编辑	添加、删除司机乘务交路段
		司机乘务交路编辑	添加、删除、锁定司机乘务交路
	司机乘务交路计划编制结果检查	编制结果检查	对编制结果是否符合技术条件进行检查
		司机乘务交路计划审批	国家铁路集团对司机乘务交路计划进行审批，确认司机乘务交路计划编制结果
	指标统计		统计司机乘务交路数、司机乘务员数、总工作时间的均衡性、劳动生产率等各项指标
	司机乘务交路图绘制		依据设置的绘图参数，提供司机乘务交路图图形的打印输出，显示司机乘务交路段的划分及需要的司机乘务组数
司机乘务排班计划编制	编制范围设置		值乘区段、值乘车次范围的设置
	司机乘务排班计划自动编制		根据列车运行计划、司机乘务工时标准、司机乘务交路计划以及司机乘务动态，编制司机乘务排班计划
	人机交互调整机车分配计划	信息显示	提供人工调整司机乘务排班计划所需要的各项信息显示功能
		排班计划编辑	指定司机乘务员担当司机乘务交路
	司机乘务排班计划编制结果检查	编制结果检查	对司机乘务排班计划的合理性进行检查
		司机乘务排班计划审批	国家铁路集团对司机乘务排班计划进行审批，确认司机乘务排班计划编制结果
	指标统计		统计总工作时间、平均工作时间、休息时间、劳动生产率等各项指标
	司机乘务排班计划表绘制		依据设置的绘图参数，提供司机乘务排班计划表打印输出功能

6.3.8　车站作业实施计划编制子系统

为了更好地适应市场动态变化和铁路运力资源的动态变化，完成市场导向动态货物运输计划，落实市场导向动态货物列车开行方案、列车运行实施计划，需要根据具体情况编制车站货物运输工作日常实施计划，包括车站日常工作实施计划和车站技术作业实施计划。货物运输车站日常工作实施计划的编制依据主要有市场导向动态货物运输计划、货物列车开行方案、列车运行实施计划、机车周转图、各技术站段技术作业时间标准等，主要任务是掌握运用车保有量，及时了解和掌握装卸车情况。其中，车站日常工作实施计划包括卸车工作计划、空车分配计划、装车工作计划、篷布及集装箱运用计划，车站技术作业实施计划包括到发线运用计划、装卸线运用计划、调车作业计划、冲突检查和反馈、图形显示。市场导向车站作业实施计划编制子系统的功能结构如图 6.10 所示。

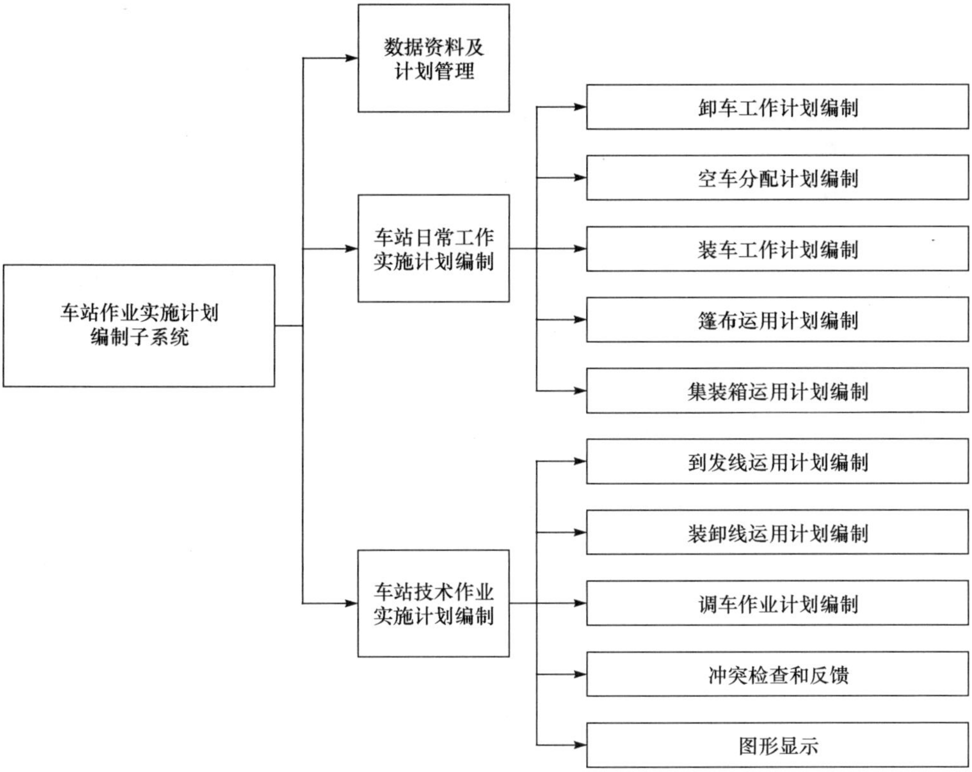

图 6.10　车站作业实施计划编制子系统功能结构图

市场导向车站作业实施计划编制子系统的功能一览表如表 6.9 所示。

表 6.9　车站作业实施计划编制子系统功能一览表

功能点	功能拆分	业务功能描述
数据资料及计划管理	导入货物运单信息	读取市场实时货物运单信息，为装卸车工作计划编制做准备
	读取货物列车开行方案	读取市场导向动态货物列车开行方案，并进行数据的管理和维护

续表

<table>
<tr><th colspan="2">功能点</th><th>功能拆分</th><th>业务功能描述</th></tr>
<tr><td colspan="2" rowspan="5">数据资料及计划管理</td><td>读取列车运行图信息</td><td>读取列车运行计划，并进行数据的管理和维护</td></tr>
<tr><td>读取机车运用计划</td><td>读取机车运用计划，并进行数据的管理和维护</td></tr>
<tr><td>导入车站数据</td><td>导入车站技术作业相关数据，主要有：股道数据，包括股道长度、股道数量、调车线容车数等；道岔和信号设备数据；车站调车机车的数量和运用状态；车站各项技术作业时间标准；车站进路数据；车站站场平面图；货场及装卸线能力及利用情况等</td></tr>
<tr><td>数据检查</td><td>对数据进行合理性和完整性检查</td></tr>
<tr><td>预处理数据</td><td>生成系统的派生数据</td></tr>
<tr><td rowspan="9">车站日常工作实施计划编制</td><td rowspan="5">卸车工作计划编制</td><td>核对现车</td><td>核对货票与现车信息是否一致，对信息不一致的车辆发出提示</td></tr>
<tr><td>统计卸空车数</td><td>根据货物列车开行方案和列车运行计划，确定到达车站的卸车流及到达时间，并按站别、车种别、品类别统计卸车数，提供卸车查询、录入、修改、删除以及报表输出和上报功能</td></tr>
<tr><td>卸车计划自动编制</td><td>根据卸车统计情况，结合货物运到期限要求、空车分配任务、装车需求、车站装卸作业能力及利用率等资料，计算机自动编制卸车作业计划，包括卸车的数量、内容，卸车时间以及装卸线的时间安排等，提供计划的显示、输出、下达功能，并与列车开行方案编制系统互为反馈</td></tr>
<tr><td>卸车计划手工调整</td><td>提供卸车工作计划人机交互调整功能，可以对已经编制完成的卸车计划进行查询、修改、删除操作，或根据实际情况手工编织卸车作业计划，手动选择卸车计划是否下达</td></tr>
<tr><td>货物交付</td><td>根据卸车工作计划的安排，计算出货物的交付时间段，并将结果反馈给货物运输营销系统，及时通知客户收货</td></tr>
<tr><td rowspan="4">空车分配计划编制</td><td>空车产生统计</td><td>根据卸车工作计划按站别统计产生的空车的所在站、种类、数量；并提供空车的所在站、种类、数量等相关信息的查询、报表输出及上报功能</td></tr>
<tr><td>空车需求汇总</td><td>根据各站提报的请求车计划按照站别汇总空车需求信息，包括请求车的站别、种类、数量等相关信息，并提供信息查询和报表输出及上报功能</td></tr>
<tr><td>空车分配计划自动编制</td><td>根据按照站别统计产生的空车以及按照站别汇总的空车需求，计算机自动编制空车分配计划，包括统计多余的空车数以及空车分配车站和具体分配的空车数，提供信息查询与计划的输出打印以及计划的下达功能，并与货物列车开行方案编制系统互为反馈</td></tr>
<tr><td>空车分配计划手工调整</td><td>提供空车分配计划人机交互调整功能，可以对已经编制完成的空车分配计划进行查询、修改、删除操作，或根据实际情况手工编制空车分配计划，手动选择计划是否下达</td></tr>
</table>

续表

功能点		功能拆分	业务功能描述
车站日常工作实施计划编制	装车工作计划编制	装车需求统计	根据货物运单与货物运输计划按照站别、品类、去向、数量统计各站装车需求信息，生成日要车计划并上报，提供信息查询、显示以及报表输出功能
		装车计划自动编制	根据货物运单以及日要车计划，结合货物列车开行方案与列车运行图以及卸车工作计划与空车分配计划，计算机自动编制装车计划，包括直达列车装车计划与成组装车计划，并按照品类、去向生成装车计划表，包括装车的数量和内容，具体装车时间以及装卸线的时间安排，提供信息查询与显示、报表输出打印、计划下达功能
		装车计划人机交互调整	提供人机交互界面显示站别日要车计划、车站装车能力及利用率以及相关装车需求信息，可根据实际需要对编制完成的装车计划进行修改、删除、查询等操作，或手动编制装车计划，提供装车计划的显示以及报表输出打印功能，手动选择计划是否下达
		生成装车计划相关票据	根据装车工作计划自动生成相关票据，提供票据的查询显示、打印及输出功能
	篷布运用计划编制	篷布实时运用信息统计	提供篷布当前的可用量、存放站以及实时的分布和运用情况的查询及显示功能，并按照站别输出篷布具体的可用数量以及运用情况，提供报表输出、打印及上报功能
		篷布需求统计	根据装车工作计划以及货物品类运输计划统计篷布需求表并上报，提供报表输出与打印功能
		篷布运用计划自动编制	根据货物运单信息以及装卸车工作计划，自动编制篷布运用计划，生成篷布运用计划表，提供报表输出、打印及计划下达功能
		篷布运用计划人机交互调整	提供人机交互界面，可对编制完成的篷布运用计划进行查询、修改、删除等操作，或根据实际情况手动编制篷布运用计划，提供报表输出、打印以及计划的下达功能
	集装箱运用计划编制	集装箱实时运用信息统计	提供集装箱按站别、种类、数量、运用状态的查询及显示功能，并据此汇总集装箱信息，生成集装箱实时分布统计表并上报，提供报表输出和打印功能
		集装箱需求统计	根据装车工作计划按照站别、种类、去向、数量汇总集装箱需求信息，生成集装箱需求表并上报，提供报表输出和打印功能
		集装箱空箱分配计划编制与调整	结合空车调配计划、集装箱的实时分布信息以及站别集装箱需求信息，自动编制集装箱空箱分配计划，并提供人机交互调整功能手动修改、删除、增加空箱分配计划，生成相关报表并提供打印输出和计划下达功能
		集装箱装箱计划编制与调整	根据各站上报的集装箱装箱需求，结合装车工作计划、集装箱实时分布状态以及空箱分配计划，自动编制集装箱装箱计划，并提供人机交互调整功能手动修改、删除、增加装箱计划，生成相关报表并提供打印输出和计划下达功能
		集装箱掏箱计划编制与调整	根据货物运到期限的要求，结合列车运行线、卸车工作计划编制集装箱掏箱计划，并提供人机交互调整功能手动修改、删除、增加掏箱计划，生成相关报表并提供打印输出和计划下达功能

续表

功能点	功能拆分			业务功能描述
车站技术作业实施计划编制	到发线运用计划编制	列车到发信息获取		依据列车运行调整图获取各方向列车到达、出发车次、时刻、机车型号、机车号、编组内容(去向别重车数、车种别空车数、到达本站重车数)等信息
		自动编制接发车进路计划		根据列车到发时刻、到发方向、股道占用情况自动排列列车接发车进路
		人机交互调整接发车进路计划		通过增加、修改、删除接发车进路排列等操作，对选定的列车(特定车次、特定方向、特定时段)接发车进路进行调整
		自动编制到发线占用计划		根据接发车进路计划、车站设备使用方案、车站作业时间标准自动编制到发线占用计划，包括列车占用股道编号、占用时长
		人机交互调整到发线占用计划		根据实际情况通过增加、修改、删除等操作调整到发线占用计划
		指标统计		统计各次列车占用到发线的时间，计算到发线利用率
车站技术作业实施计划编制	装卸线运用计划编制	装卸线运用计划自动编制		根据装卸车工作计划、车站技术作业标准以及设备利用情况自动编制装卸线运用计划，包括具体每条装卸线装卸车的数量、内容，装卸时间，生成相关报表并提供输出打印和计划下达功能
		人机交互调整装卸线运用计划		根据车站工作的具体情况人工调整装卸线运用计划
		指标统计		统计装卸线的总装卸车数以及装卸线能力利用率，生成相关报表
	调车作业计划编制	解编调车作业计划编制	获取列车信息	获取列车到站信息，包括列车到发时分、列车车次、车流来源、编组内容、机车类型、机车号等
			确定列车转场转线时间	根据列车到达和离开车站的时分，结合车站技术作业时间标准和车站设备利用情况，自动确定列车转场转线的时间
			解编调车作业计划自动编制	根据列车接发车作业时间安排，结合取送车时间安排以及列车转场转线时间，计算机自动编制解编调车作业计划，包括具体调车线的使用以及解体、编组列车的时间点等
			人机交互调整解编调车作业计划	根据车站具体作业情况人工调整解编作业计划，人工调整解编列车的时间点以及调车线的具体使用情况
			指标统计	统计车钩数以及车辆在调车线停留时间等，生成相关报表并输出
		取送调车作业计划编制	装卸车工作计划及装卸线运用情况获取	获取装卸车工作计划以及装卸线运用计划，包括装卸车的数量和内容，装卸时间

续表

<table>
<tr><th>功能点</th><th colspan="3">功能拆分</th><th>业务功能描述</th></tr>
<tr><td rowspan="14">车站技术作业实施计划编制</td><td rowspan="5">调车作业计划编制</td><td rowspan="2">取送调车作业计划编制</td><td>取送调车作业计划自动编制</td><td>根据装卸车工作计划、装卸线运用计划、调车作业计划以及取送车作业时间标准，结合列车运行计划自动编制取送调车作业计划，包括取送车的取送时间、数量、取送车内容和具体取送车的股道、装卸线等</td></tr>
<tr><td>人机交互调整取送调车作业计划</td><td>根据车站具体情况人工编制取送调车作业计划，取送调车作业计划的修改、增加和删除功能</td></tr>
<tr><td rowspan="3">调机运用计划编制</td><td>调机运用计划自动编制</td><td>根据到发线运用计划、解编调车作业计划、取送调车作业计划编制调机运用计划，包括调机进行转线、解体、编组、取送车工作的具体时间安排以及司机吃饭时间等</td></tr>
<tr><td>人机交互调整调机运用计划</td><td>根据车站具体情况人工编制和调整调机运用计划</td></tr>
<tr><td>指标统计</td><td>统计调机进行各项作业的时间以及调机的利用率</td></tr>
<tr><td rowspan="3">冲突检查和反馈</td><td colspan="2">进路冲突检查</td><td>检查是否存在敌对进路和进路重复占用</td></tr>
<tr><td colspan="2">股道占用冲突检查</td><td>检查股道运用情况是否合理，是否存在股道重复占用、股道容车数超标等不合理现象</td></tr>
<tr><td colspan="2">信息反馈</td><td>对不合理的行车计划和技术计划进行修改，并反馈到列车运行计划，对列车运行计划进行合理的修改</td></tr>
<tr><td rowspan="4">图形显示</td><td colspan="2">显示车站站场平面图</td><td>显示出车站站场平面图，包括车站的股道、道岔、信号设备、机务段、驼峰等设备，在车站平面图上显示车站的接发车进路、调车进路，并能与列车的实时信息联动，显示该列车的作业进路</td></tr>
<tr><td colspan="2">显示和绘制车站技术作业图</td><td>根据编制的车站技术作业计划绘制和显示车站技术作业图表，包括显示车站到发方向的列车运行线、车站的各种设备线(到发场、驼峰、牵出线、调车场、货场、专用线、调车机车)的各项技术作业过程、时间线，以及起始和终止时间设定，并与车站技术作业过程联动，还可以进行实时更改</td></tr>
<tr><td colspan="2">图形浏览及显示参数设置</td><td>提供图像的放大、缩小功能，并能设置图形的显示参数，如各类列车作业计划线、各项设备的作业线、各条股道的作业线的颜色、宽度等</td></tr>
<tr><td colspan="2">单个列车作业计划查询</td><td>输入列车车次，查询和显示与该列车相关的所有相关作业计划的内容</td></tr>
</table>

第 7 章　动态列车运行图协同编制系统原型开发

7.1　系 统 目 标

市场导向动态列车运行图协同编制系统原型的开发目标是在导入日常货物订单运单信息的基础上，汇总路网车流信息，进行动态车流推算，动态编制货物列车开行方案，确定货物列车的始发终到车站、开行对数、等级、运行径路、运到期限及编组内容等，然后基于基本列车运行图挑选货物列车运行线，实现动态列车运行图编制的基本功能。具体来说，系统主要有以下目标。

1) 实现全程货物运输计划编制及管理

传统货物运输计划无法及时掌握运输市场变化，难以实现从货物运单开始的全程运输计划编制，车流组织过程中其车流推算是根据国家铁路集团或铁路局调度所下达的车流信息进行的，没有考虑运输市场日常动态变化的货物运输需求。本系统可以结合基本运输计划和日常运输生产的实绩数据，以及货物运输市场的日常订单数据，实现货物运输全过程计划编制和查询管理。

2) 实现路网级计划协同编制

综合货物订单和车流汇总信息，在车流推算的基础上，通过动态全程运输协作模式，实现直达运输和枢纽中转相结合的路网级货物列车开行方案协同编制。系统提供枢纽和列车两种模式对列车进行动态编组，以多种形式编制枢纽间的列车开行方案，最后通过列车开行方案确认实现区段及枢纽间车流中转输送。

3) 实现列车运行线与车流匹配调整

在货物列车开行方案的基础上，结合车流信息，动态挑选列车运行线，实现流线结合的货物列车开行方案与列车运行图协同编制。

7.2　系统功能结构

根据系统目标分析，市场导向动态列车运行图协同编制流程如图 7.1 所示。

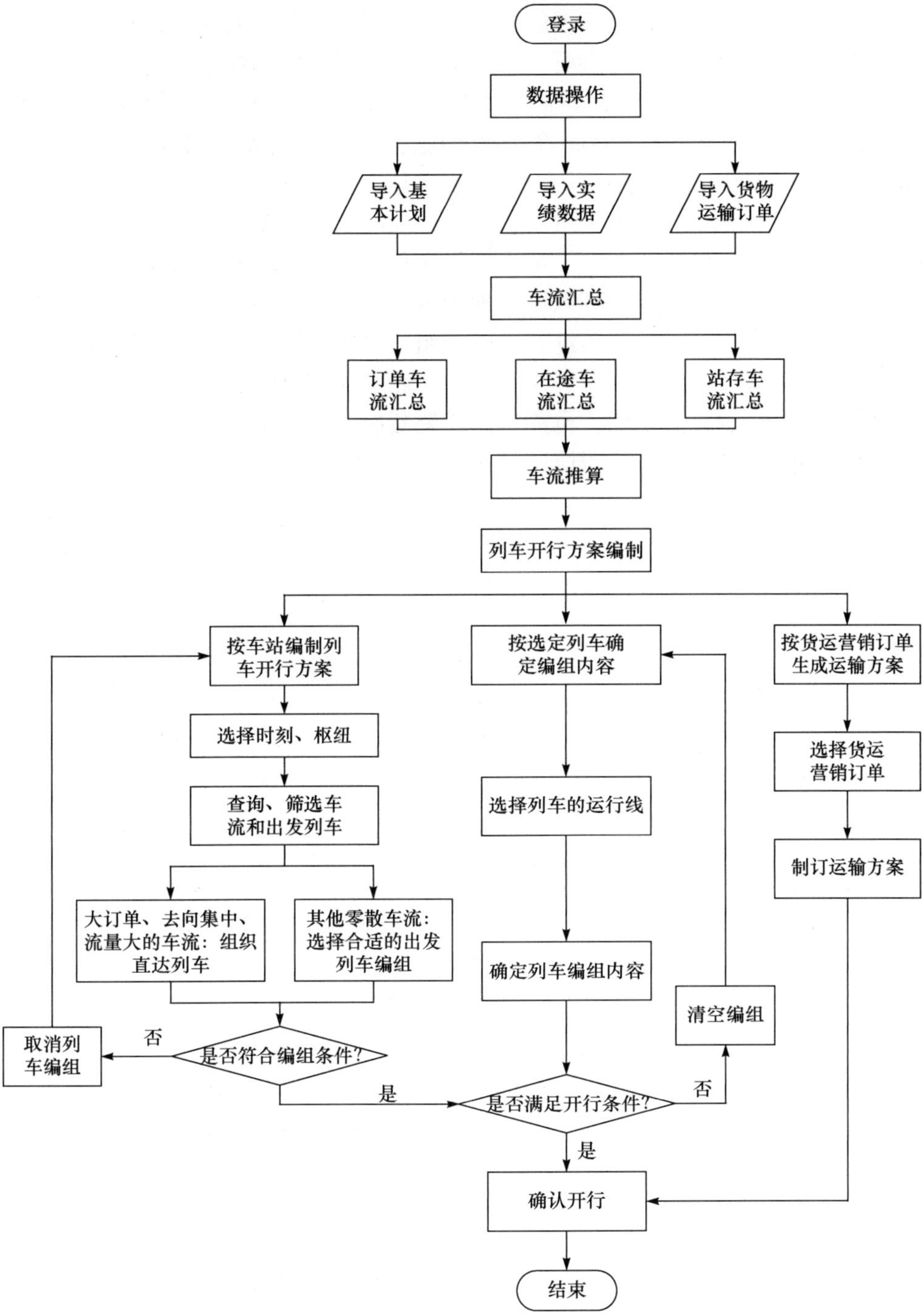

图 7.1　市场导向动态列车运行图协同编制流程

从市场导向动态列车运行图协同编制流程可以看出，在编制市场导向动态货物列车开行方案时，首先需要导入货物运输市场的订单数据，将货物运输市场实时的动态货流转变为动态车流，并实时地将其汇总到全路车流信息中进行动态车流推算。由于车流推算是在全路范围内进行的，需要全路枢纽协同进行。在编制货物列车开行方案时，将枢纽内去向集中、流量大的车流首先组织直达列车，对于剩下的零散车流，可以根据“以线定流、以流定线”的原则，在枢纽车站编制货物列车开行方案。最后，以确认列车开行的形式将车流从一个枢纽推算到下一个枢纽。由于可以实时地导入货物运输市场的订单数据进行车流汇总和推算，因此可以对列车进行动态编组，实现运输计划的动态编制，并考虑货物的运到期限条件，从而满足客户对货物运到期限的要求，不仅能提高列车运行图编制的动态适应性，也能提高铁路货物运输的服务质量。基于以上流程，市场导向动态列车运行图协同编制系统功能结构如图 7.2 所示。

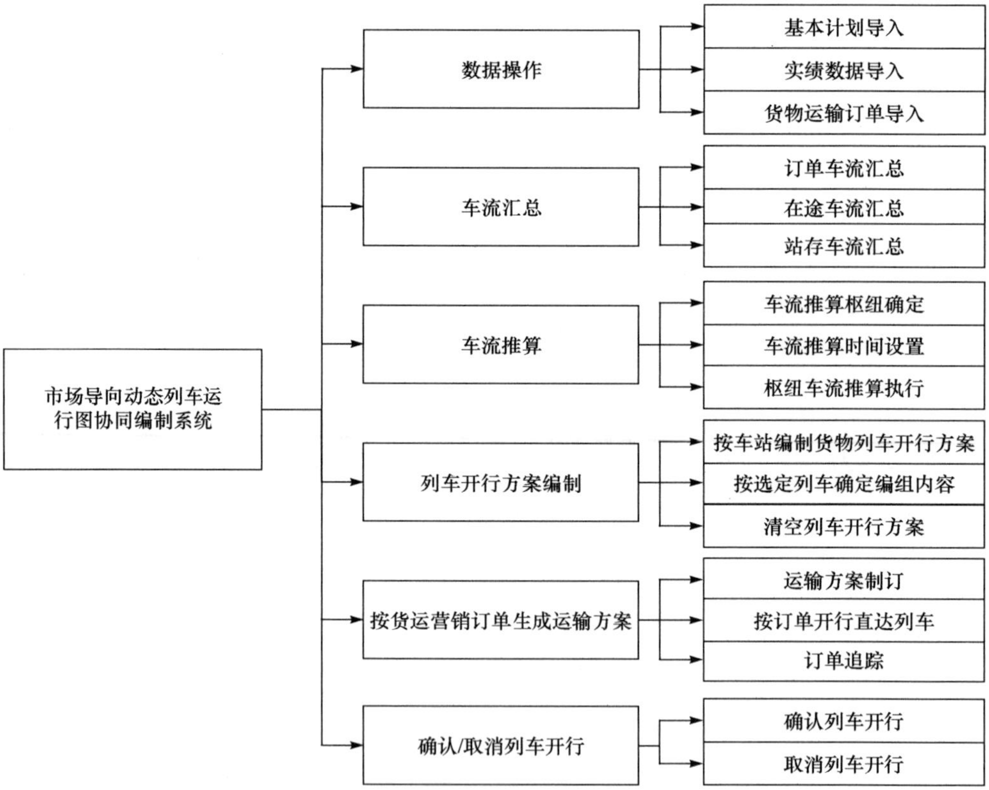

图 7.2 市场导向动态列车运行图协同编制系统功能结构图

1) 数据操作

数据操作主要是数据的导入，包括基本计划的导入、实绩数据的导入、货物运输订单的导入等，此外，还包括数据的保存、恢复、备份等功能。不仅可以导入基本运输计划和日常运输生产的实绩数据，还可以实时地导入货物运输市场的日常订单数据，实时掌握货物运输市场的动态需求。

2) 车流汇总

车流汇总主要是对路网车流进行汇总，包括订单车流汇总、在途车流汇总与站存车流汇总。由于加入了订单车流，可以将货物运输市场的货物运输需求实时地转化为车流汇总到全路车流信息中。

3) 车流推算

车流推算主要是根据车流汇总信息，以选定的日期和时间点，对枢纽的车流进行动态推算。

4) 列车开行方案编制

列车开行方案的编制主要包括按照车站编制货物列车开行方案和按照选定列车确定编组内容功能。按照车站编制货物列车开行方案是根据枢纽动态车流推算的结果，按照车流的属性(辆数、始发终到车站、承运日期、装车日期、运到期限)对枢纽的出发列车进行动态编组，编制枢纽车站货物列车开行方案。按照选定列车确定编组内容主要是选定具体的列车，根据动态车流推算的结果，编制选定列车的开行方案。此外，还可以对列车开行方案进行修改，对不满足开行条件的方案进行删除等。

5) 按货运营销订单生成运输方案

按货运营销订单生成运输方案主要包括运输方案的制订、订单追踪以及按订单开行直达列车功能。按货运营销订单生成运输方案是根据货物的订单，系统自动生成货物的运输方案，包括货物的车种、车号、始发终到车站、承运日期、装车日期、运到期限、计划出发与计划到达时间等。订单追踪可以实时查询订单货物在路网中的位置，实现货物在运输过程中的动态追踪。此外，还可以根据选定的订单开行直达列车，对于去向集中、流量大的车流编制直达列车开行方案。

6) 确认/取消列车开行

确认/取消列车开行是在货物列车开行方案编制完成后，确认该次列车是否开行。通过确认列车是否开行，将车流从一个枢纽推算到下一个枢纽。

7.3　系统数据设计

本系统需要来自货物运输营销系统的营销订单数据、运营调度系统的列车运行实绩数据和现车数据，设计的系统间数据接口格式如表 7.1～表 7.10 所示。

表 7.1　车种字典

符号名	字段名	数据类型	类型长度	备注
LCZL_ID	车种编号	NUMBER	4	
LCZL_NAME	车种名	VARCHAR	30	主键
LCZL_JC	车种简称	VARCHAR	30	

表 7.2　车流径路字典

符号名	字段名	数据类型	类型长度	备注
Route_ID	车流径路编号	NUMBER	4	
Route_exp	车流径路说明	VARCHAR	60	
Route_StartStation	径路起站名	VARCHAR	30	
Route_EndStation	径路终站名	VARCHAR	30	
Opp_Route_ID	对向径路号	NUMBER	4	

表 7.3　车流径路

符号名	字段名	数据类型	类型长度	备注
Route_ID	车流径路编号	NUMBER	4	
Route_StartStation	区间起站名	VARCHAR	30	
Route_StartStationID	区间起站 ID	NUMBER	10	
Route_EndStation	区间终站名	VARCHAR	30	
Route_EndStationID	区间终站 ID	NUMBER	10	
Route_SectionMark	区间标志	VARCHAR	20	
Route_StartTime	出发时间	NUMBER	9	
Route_EndTime	到达时间	NUMBER	9	

表 7.4　订单车流

符号名	字段名	数据类型	类型长度	备注
DDCL_BH	订单编号	VARCHAR	20	
DDCL_SFZM	始发站	VARCHAR	30	
DDCL_ZDZM	终到站	VARCHAR	30	
DDCL_CargoType	货物品名	VARCHAR	30	

续表

符号名	字段名	数据类型	类型长度	备注
DDCL_TrainNum	辆数	NUMBER	6	
DDCL_StartDate	承运日期	DATE	—	
DDCL_Term	运到期限	NUMBER	6	

表 7.5　站存车流

符号名	字段名	数据类型	类型长度	备注
ZCCL_TrainNum	车号	NUMBER	10	
ZCCL_LJM	当前路局名	VARCHAR	20	
ZCCL_DQZM	当前站	VARCHAR	30	
ZCCL_CargoType	货物品名	VARCHAR	30	
ZCCL_SFZM	始发站	VARCHAR	30	
ZCCL_ZDZM	终到站	VARCHAR	30	

表 7.6　在途车流

符号名	字段名	数据类型	类型长度	备注
ZTCL_TrainID	列车 ID	NUMBER	10	
ZTCL_CC	列车车次	NUMBER	30	
ZTCL_TrainNum	车号	NUMBER	10	
ZTCL_CargoType	货物品名	VARCHAR	30	
ZTCL_SFLJM	始发路局名	VARCHAR	20	
ZTCL_SFZM	始发站	VARCHAR	30	
ZTCL_ZDLJM	终到路局名	VARCHAR	20	
ZTCL_ZDZM	终到站	VARCHAR	30	
ZTCL_DQLJM	当前路局名	VARCHAR	20	
ZTCL_DQZM	当前站	VARCHAR	30	
ZTCL_DFFlag	到发标记	NUMBER	6	
ZTCL_DFDate	到发日期	DATE	—	
ZTCL_DFTime	到发时间	DATE	—	

表 7.7　在途列车信息

符号名	字段名	数据类型	类型长度	备注
ZTLC_TrainID	列车 ID	NUMBER	10	
ZTLC_LJM	所在路局	VARCHAR	20	
ZTLC_CZJC	所在车站	VARCHAR	30	
ZTLC_CZM	所在车站名	VARCHAR	30	
ZTCL_DFDate	到发日期	DATE	—	
ZTCL_DFTime	到发时间	DATE	—	

表 7.8　车流推算结果

符号名	字段名	数据类型	类型长度	备注
CLTS_SNID	枢纽站 ID	NUMBER	10	外键：指向枢纽车站信息
CLTS_SNM	枢纽名	VARCHAR	20	
CLTS_TrainTypeID	车种 ID	NUMBER	10	外键：车种 ID
CLTS_DH	单号	NUMBER	10	
CLTS_State	车流状态	VARCHAR	20	
CLTS_SFZM	出发站名	VARCHAR	30	
CLTS_SFZID	出发站 ID	NUMBER	10	
CLTS_SFLJ	出发局	VARCHAR	20	
CLTS_ZDZM	到达站名	VARCHAR	30	
CLTS_ZDZID	到达站 ID	NUMBER	10	
CLTS_ZDLJ	到达局	VARCHAR	20	
CLTS_TrainCount	辆数	NUMBER	9	
CLTS_ zAIz	载重	NUMERIC	8,3	
CLTS_StartDate	承运/装车日期	DATE	—	
CLTS_Term	运到期限	NUMBER	6	

表 7.9　计划列车

符号名	字段名	数据类型	类型长度	备注
JHLC_TrainID	列车 ID	NUMBER	10	
JHLC_LJM	所在路局	VARCHAR	20	

续表

符号名	字段名	数据类型	类型长度	备注
JHLC_CZJC	所在车站	VARCHAR	30	
JHLC_CZM	所在车站名	VARCHAR	30	
JHLC_DFDate	到发日期	DATE	—	
JHLC_DFTime	到发时间	DATE	—	

表 7.10　列车编组

符号名	字段名	数据类型	类型长度	备注
LCBZ_TrainID	列车 ID	NUMBER	10	外键：指向列车信息
LCBZ_TrainCount	辆数	NUMBER	9	
LCBZ_CLID	车流 ID	VARCHAR	30	外键：指向车流信息
LCBZ_SFZM	始发站名	VARCHAR	30	
LCBZ_ZDZM	终到站名	VARCHAR	30	
LCBZ_StartDate	承运日期	DATE	—	
LCBZ_Term	运到期限	NUMBER	6	
LCBZ_DDBH	订单编号	NUMBER	10	
LCBZ_SCH	首车号	NUMBER	9	

7.4　系统功能与操作

7.4.1　登录系统

系统运行过程中需要大量的数据支持，因此设计一个合理的数据库十分重要。数据库的设计应当合理考虑系统需求及开发工具的特点，充分发挥数据库功能，并有助于整个系统的开发、运行及后续维护。市场导向动态列车运行图协同编制系统与基本列车运行图编制系统共用数据库，并新增了一些表和字段。

1. 功能说明

对用户输入的信息进行校验，判断用户身份的合法性，防止非法用户对数据进行破坏。

2. 功能操作

登录系统的功能操作如下：

(1) 双击桌面上的列车运行图系统图标,启动系统登录界面,如图 7.3 所示。

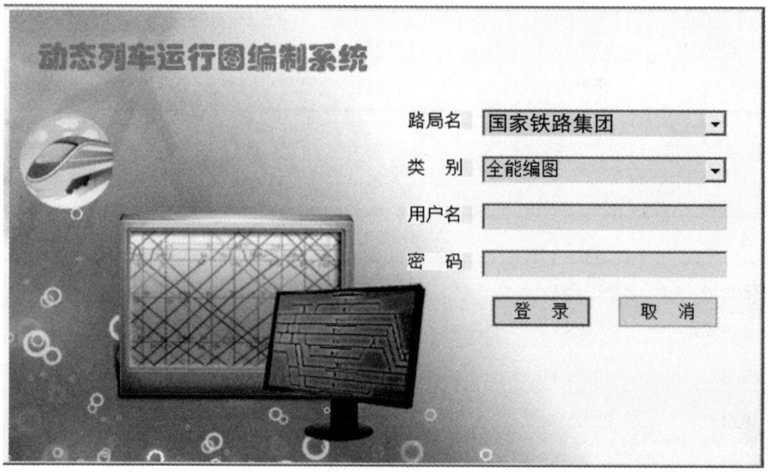

图 7.3　市场导向动态列车运行图编制系统登录界面

(2) 选择正确的路局名、类别，输入用户的用户名和密码，确认输入无误后，单击“登录”按钮即可登录。

(3) 系统验证用户信息成功后，打开主界面。

7.4.2　数据导入

1. 功能说明

进行列车运行图协同编制需要首先导入基本计划、实绩数据、货物运输订单等数据，生成列车运行图。

2. 功能操作

数据导入功能操作如下：

(1) 单击系统左上角图标，选择“导入基本计划”选项，或者单击“数据操作”模块中“导入基本计划”选项，如图 7.4 所示。

(2) 选择计划开始时间、计划时间长度，然后单击“选择”按钮，选择所需导入的基本计划，单击“确定”按钮，生成列车运行图，基本计划导入界面如图 7.5 所示。

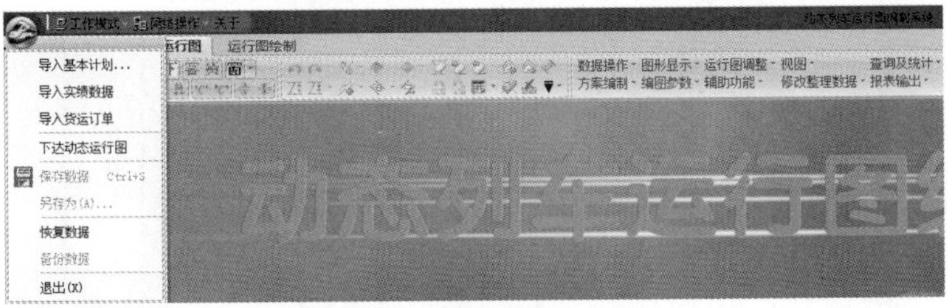

图 7.4　基本计划导入选项

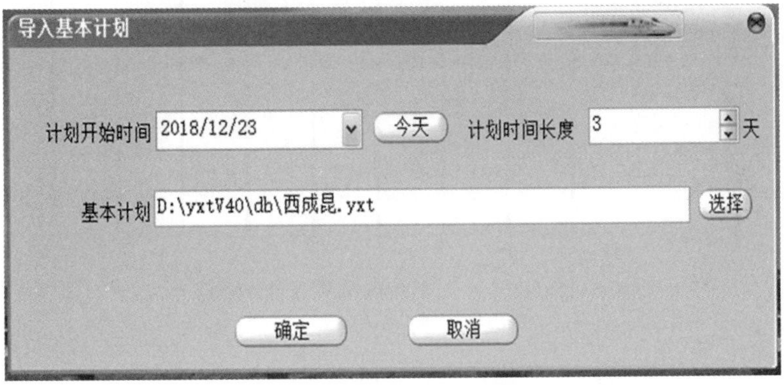

图 7.5　基本计划导入界面

(3) 单击系统左上角图标，选择“导入实绩数据”选项，或者单击“数据操作”模块中“导入实绩数据”选项，导入实绩数据。导入实绩数据操作界面如图 7.6 所示，导入实绩数据后系统界面如图 7.7 所示。

图 7.6　导入实绩数据界面

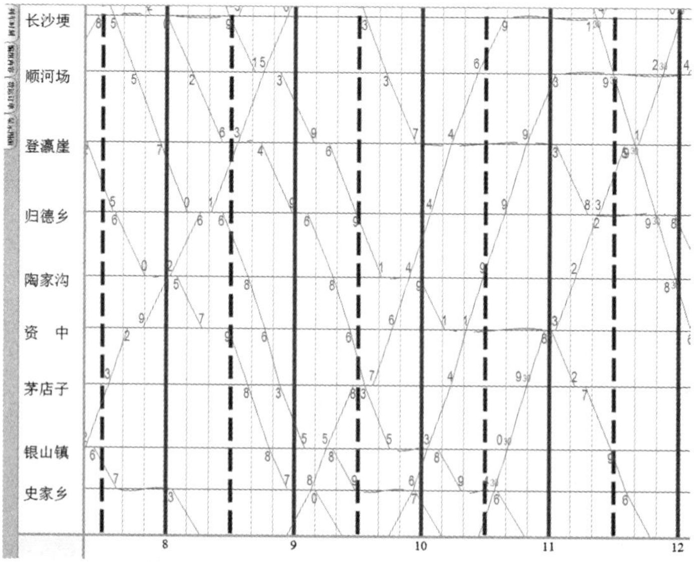

图 7.7　导入实绩数据后系统界面

7.4.3　车流汇总

1. 功能说明

车流汇总可以对整个铁路网络上的订单车流、在途车流和站存车流进行汇总，通过车流汇总的结果，可清楚地看到车流的车种、车站或车次、状态、发站、发局、到站、到局、辆数、承运日期、装车日期、运到期限等指标。

2. 功能操作

单击“方案编制”模块中“车流汇总”选项(图 7.8)，弹出车流汇总界面，车流汇总完成界面如图 7.9 所示。

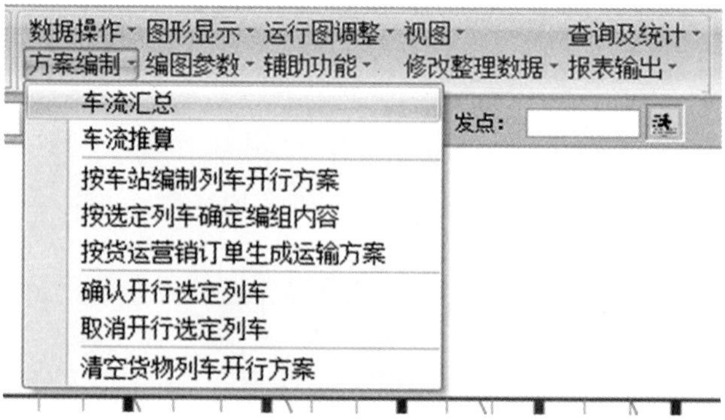

图 7.8　车流汇总选项

序号	车种	车站或车次	状态	发站	发局	到站	到局	辆数	总重	承运/装车日期	运到期限
	汇总	订单车流						8			
1		成都北	0	天回镇		银川南		1			0
2		成都北	0	渭南		昭通		1			0
3		成都北	0	大弯镇		西安北		1			0
4		成都北	0	大弯镇		西安北		20			0
5		成都北	0	阿拉...		大湾镇		20			0
6		成都北	0	眉山		达州		15			0
7		成都北	0	城厢		西昌南		12			0
8		西昌南	4	哈密		西安南		12			0

图 7.9　车流汇总完成界面

(1) 选择需要汇总车流的日期和时刻。

(2) 单击“订单车流汇总”按钮，生成订单车流汇总结果，如图 7.10 所示。

序号	车种	站或车次	状态	发站	发局	到站	到局	辆数	总重	承运/装车日期	运到期限
	汇总	订...						14			
1	P		0	渭南	西安	渠县	成都	1			3
2	N		0	湘潭东		改貌	成都	1			3
3	C		0	天回镇	成都	银川南		1			3
4	C		0	兰州...		新兴镇	成都	1			3
5	C		0	兴隆场		达州	成都	2			3
6	P		0	武威南		青龙场	成都	1			3
7	C		0	彭县	成都	安康东		1			3
8	P		0	庐江		密地	成都	1			3
9	C		0	乐山北	成都	燕岗	成都	2			3
10	C		0	织金	成都	新店镇	成都	1			3
11	C		0	蒙自北	昆明	城厢	成都	1			3
12	C		0	改貌	成都	杨桥畔	西安	1			3
13	C		0	柳园		新兴镇	成都	1			3
14	P		0	渭南	西安	昭通	成都	1			3

图 7.10　按订单车流汇总结果

(3) 单击“在途车流汇总”按钮，生成在途车流汇总结果，如图 7.11 所示。

序号	车种	车站或车次	状态	发站	发局	到站	到局	辆数	总重	承运/装车日期	运到期限
	汇总	在途列车...						11016			
	汇总	订单车流						14			
1	P		0	渭南	西安	渠县	成都	1			3
2	N		0	湘潭东		改貌	成都	1			3
3	C		0	天回镇	成都	银川南		1			3
4	C		0	兰州...		新兴镇	成都	1			3
5	C		0	兴隆场		达州	成都	2			3
6	P		0	武威南		青龙场	成都	1			3
7	C		0	彭县	成都	安康东		1			3
8	P		0	庐江		密地	成都	1			3
9	C		0	乐山北	成都	燕岗	成都	2			3
10	C		0	织金	成都	新店镇	成都	1			3
11	C		0	蒙自北	昆明	城厢	成都	1			3
12	C		0	改貌	成都	杨桥畔	西安	1			3
13	C		0	柳园		新兴镇	成都	1			3
14	P		0	渭南	西安	昭通	成都	1			3
15	C		4	青杠	成都	达州	成都	9			3
16	C		4	青杠	成都	达州	成都	12			3
17	C		4	青杠	成都	达州	成都	11			3
18	C		4	青杠	成都	达州	成都	13			3
19	P		4	龙江		营山	成都	1			3
20	P		4	峄阳镇		营山	成都	1			3
21	P		4	峄阳镇		蓬安	成都	2			3
22	P		4	霍州		蓬安	成都	1			3
23	P		4	阎良	西安	南充东	成都	1			3
24	C		4	竹溪		南充东	成都	2			3

图 7.11　按在途车流汇总结果

(4) 单击“站存车流汇总”按钮，生成站存车流汇总结果，如图 7.12 所示。

序号	车种	车站或车次	状态	发站	发局	到站	到局	辆数	总重	承运/装车日期	运到期限
	汇总	站存车流						33156			
	汇总	在途列车...						11016			
	汇总	订单车流						14			
1	P		0	渭南	西安	渠县	成都	1			3
2	N		0	湘潭东		改貌	成都	1			3
3	C		0	天回镇	成都	银川南		1			3
4	C		0	兰州...		新兴镇	成都	1			3
5	C		0	兴隆场		达州	成都	2			3
6	P		0	武威南		青龙场	成都	1			3
7	C		0	彭县	成都	安康东		1			3
8	P		0	庐江		密地	成都	1			3
9	C		0	乐山北	成都	燕岗	成都	2			3
10	C		0	织金	成都	新店镇	成都	1			3
11	C		0	蒙自北	昆明	城厢	成都	1			3
12	C		0	改貌	成都	杨桥畔	西安	1			3
13	C		0	柳园		新兴镇	成都	1			3
14	P		0	渭南	西安	昭通	成都	1			3
15	C		4	青杠	成都	达州	成都	9			3
16	C		4	青杠	成都	达州	成都	12			3
17	C		4	青杠	成都	达州	成都	11			3
18	C		4	青杠	成都	达州	成都	13			3
19	P		4	龙江		营山	成都	1			3
20	P		4	峄阳镇		营山	成都	1			3
21	P		4	峄阳镇		蓬安	成都	2			3
22	P		4	霍州		蓬安	成都	1			3
23	P		4	阎良	西安	南充东	成都	1			3

图 7.12　按站存车流汇总结果

(5) 界面表格最上方会显示已汇总的站存车流、在途车流、订单车流的总数。为了方便下次读取汇总数据，可以单击“数据输出到文件”按钮，将汇总的数据保存成“.cl”格式文件，如图 7.13 所示；读取已保存过的汇总数据，单击“从文件导入数据”按钮，选择相应文件，单击“打开”按钮读取车流数据，如图 7.14 所示。

图 7.13　输出汇总车流数据

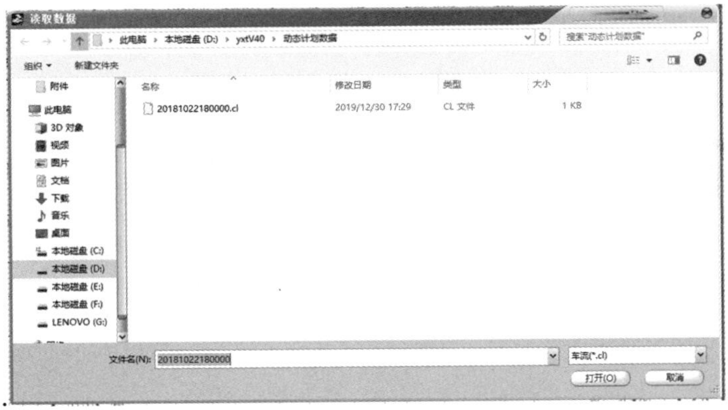

图 7.14　打开汇总车流数据

(6) 单击“保存”按钮，并返回主界面，进行下一步车流编制的操作；单击“取消”按钮，可以退出车流汇总界面。

7.4.4　车流推算

1. 功能说明

为加强车流调整工作的预见性和计划性，需要对未来的车流动态进行预测，通过车流推算，可直观地了解在所选择时段枢纽内车流的动态。

2.功能操作

车流推算功能操作如下：

(1) 单击“方案编制”模块中的“车流推算”选项，弹出车流推算界面，如图 7.15 所示。

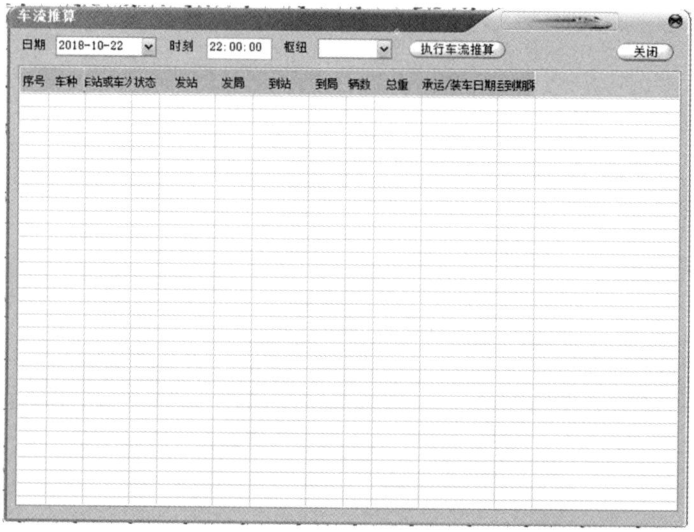

图 7.15　车流推算

(2) 选择合适的日期和时刻，并选择需要执行车流推算的枢纽，单击“执行车流推算”按钮，推算出该枢纽内在某一时刻的车流详细信息，如图 7.16 所示。

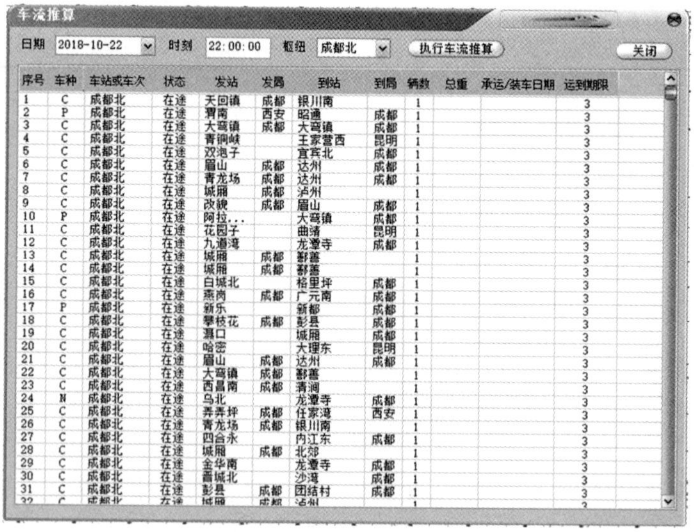

图 7.16　车流推算结果

(3) 单击“关闭”按钮可以退出界面。

7.4.5　按车站编制列车开行方案

1. 功能说明

在编制日常动态变化列车运行图时，需要首先确定列车的编组方案，此模块可根据限定的日期和时刻，确定某一枢纽在该时间段内可编组的车流；根据到达列车车流特征或者出发列车车次、列车种类等条件对订单车流和出发列车进行筛选，将去向集中、流量大的车流首先组织直达列车，再将剩下的零散车流编组到合适的出发列车中确认开行，从而实现各枢纽之间动态协同编制的目的。

2. 功能操作

按车站编制列车开行方案模块功能操作如下：

(1) 单击“方案编制”模块中的“按车站编制列车开行方案”选项，弹出列车编组界面，如图 7.17 所示。

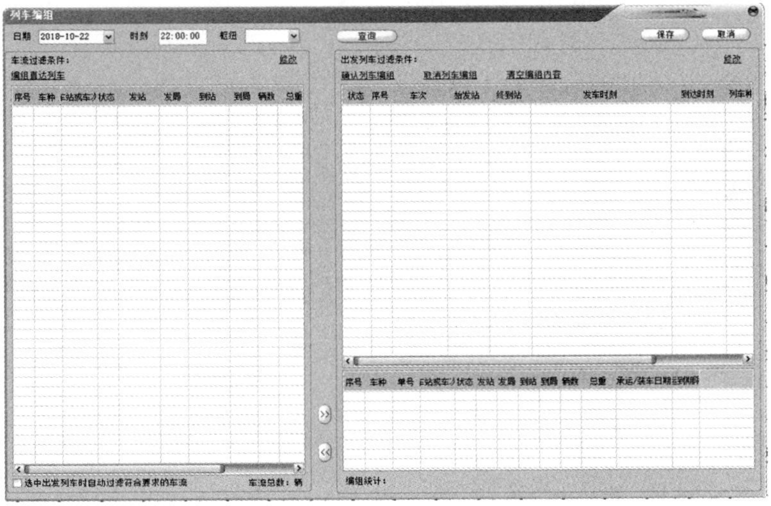

图 7.17　按车站编制列车开行方案界面

(2) 选择正确的日期、时刻，选择枢纽，单击“查询”按钮，生成该枢纽内可编车流和出发列车。其中，列车编组界面左边车流栏最下方会显示“车流总数”统计信息，右边栏出发列车编组内容下方会显示“编组统计”信息，包括已编成辆数和牵引总重，如图 7.18 所示。

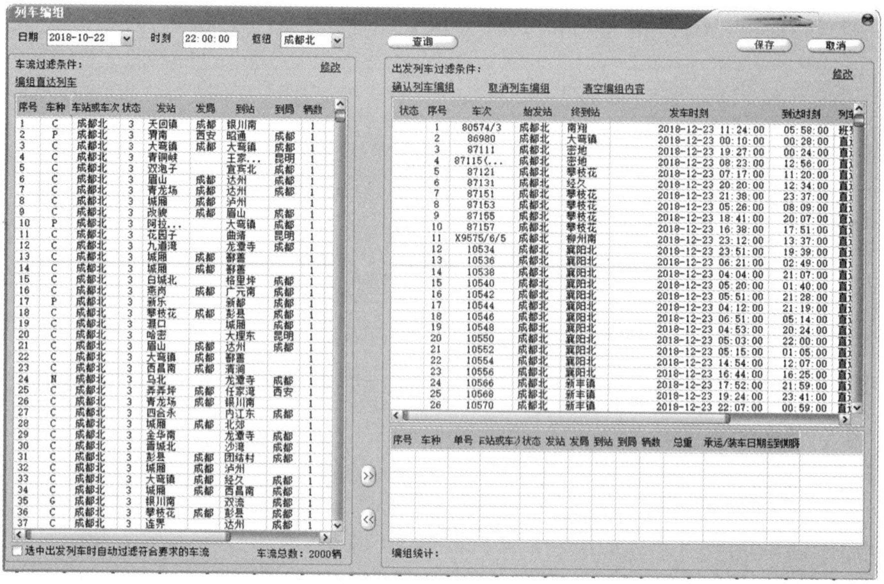

图 7.18　列车开行方案编制结果

(3) 要将车流编组到出发列车中，先选定右侧某一出发列车，再选定左侧车流，单击“>>”或双击选定车流，将该车流编组到出发列车中；若需要在出发列车中取消该车流的编组，则单击“<<”或双击出发列车编组内容中该车流取消编组，如图 7.19 所示。

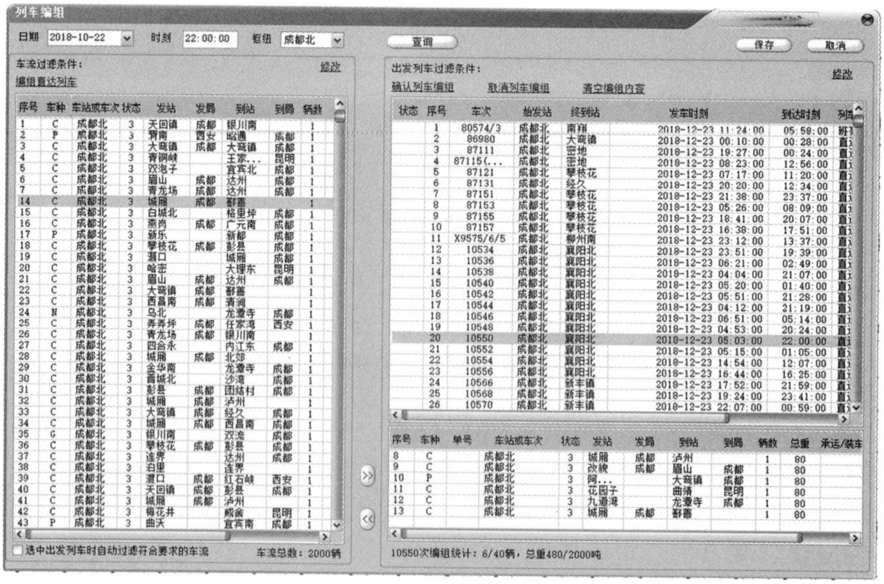

图 7.19　取消编组列车

(4) 按照到达列车选择车流，单击车流过滤条件“修改”按钮，可根据到达列车到达时刻、车种、到站、车次等信息进行筛选，以及根据车流特征到站、单号、车种等进行筛选，条件设定完成后，单击“查询”按钮即可得到筛选后的车流，单击“保存过滤条件”返回列车编组界面。若不需要筛选，则单击“取消退出”按钮，如图 7.20 所示。

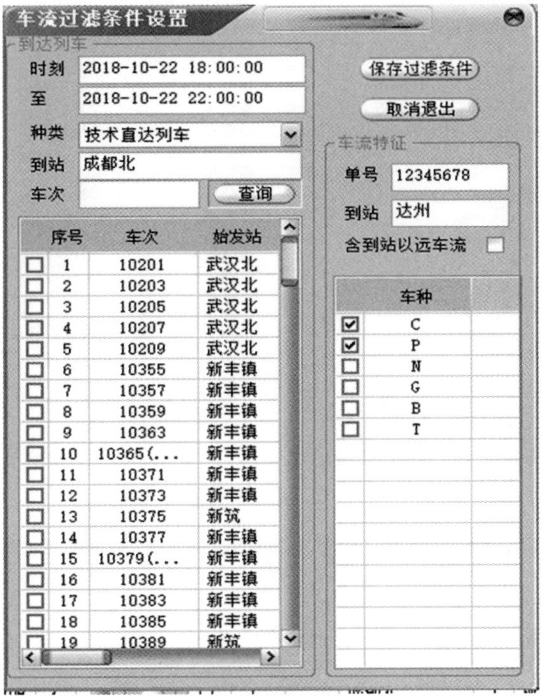

图 7.20　按到达车流进行筛选

(5) 按出发列车选车，单击出发列车过滤条件“修改”按钮，弹出“列车过滤条件设置”界面，根据出发列车出发时刻、列车种类、经由站、车次等信息进行筛选，信息设定完成后，单击“查询”按钮，即可得到筛选后的出发列车，单击“保存过滤条件”按钮返回列车编组界面。若不需要筛选，则单击“取消退出”按钮，如图 7.21 所示。

(6) 出发列车编组完成后，单击界面右上方“确认列车开行”按钮，开行此次列车，并且列车车次前“状态”栏显示“已确认”，此时列车编组内容锁定，如图 7.22 所示；如果编组计划有变，则单击“取消列车编组”按钮，此时此次列车状态栏“已确认”取消(图 7.23)，可以改动列车编组内容；重新编组，单击“清空编组内容”按钮，清空列表。

图 7.21　按出发车流进行筛选

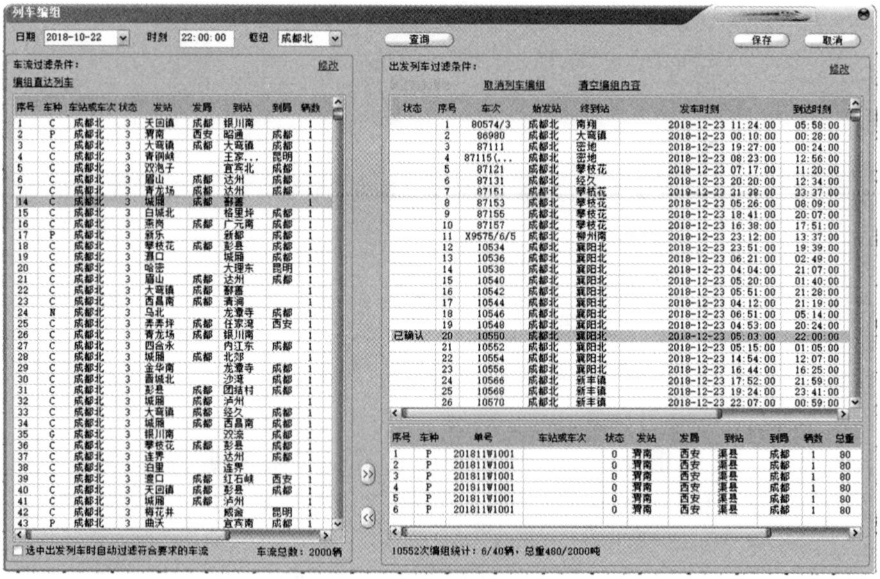

图 7.22　确认列车开行

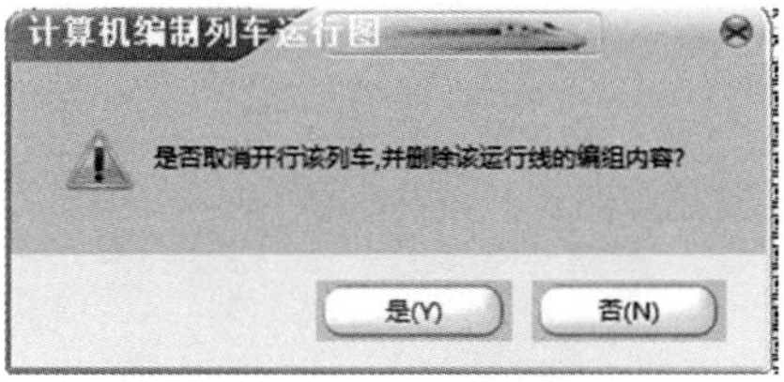

图 7.23　取消列车开行

(7) 对于去向集中且流量较大的车流，在左侧车次列表内选择要编制的车流(按住 Ctrl 键可以选择多个车流)，单击上方“编制直达列车”按钮，弹出“直达列车选择”界面，如图 7.24 所示。选择起始时间、到站、列车种类、车次等信息，单击“查询直达列车”按钮，筛选出符合条件的出发列车；如果没有符合条件的直达列车，则单击“查询接续列车组合”按钮，筛选出可开行的接续列车；在下方选择合适的出发列车车次，单击“确认开行”按钮，开行此列车。

图 7.24　编制直达列车

(8) 编组列车时，可参考左侧车流的承运日期、装车日期和运到期限等指标，将运到期限较早的车流优先编制到出发列车中，保证货物的及时送达，如图 7.25 所示。

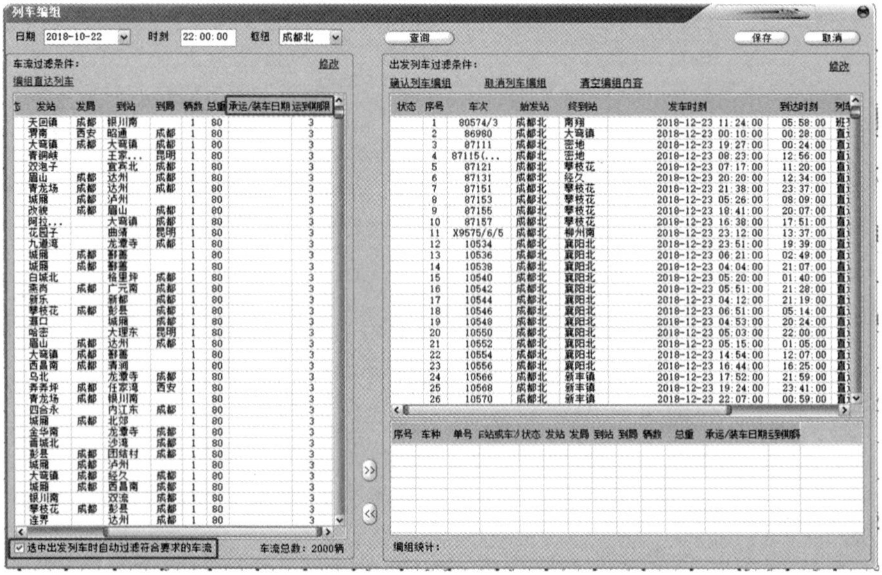

图 7.25　按条件编制直达列车开行方案

(9) 为了方便列车编组，可勾选界面左下方“选中出发列车时自动过滤符合要求的车流”，将筛选后的车流批量选择，方便组织直达列车等，如图 7.26 所示。

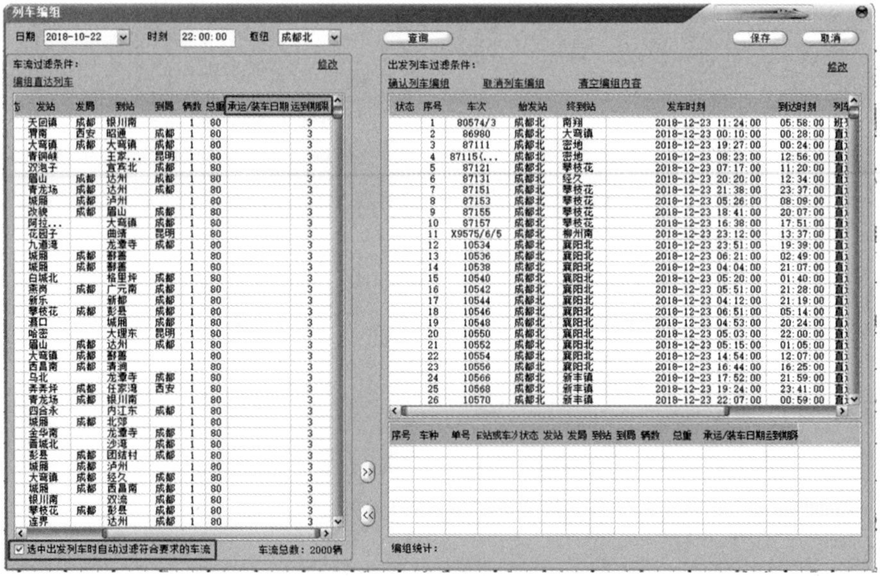

图 7.26　根据出发列车编制直达列车开行方案

(10) 出发列车编组完成后，单击“保存”按钮即可保存，单击“取消”按钮即可退出此界面。

7.4.6　按选定列车确定编组内容

1. 功能说明

对于计划列车，直接在列车运行图上选定其运行线，查看列车的编组内容，将可编车流编组到列车上，确定开行方案。

2. 功能操作

按选定列车确定编组内容功能操作如下：

(1) 单击“方案编制”模块中“按选定列车确定编组内容”选项(图 7.27)，鼠标左键选定一条列车运行线，弹出该列列车编组内容界面。

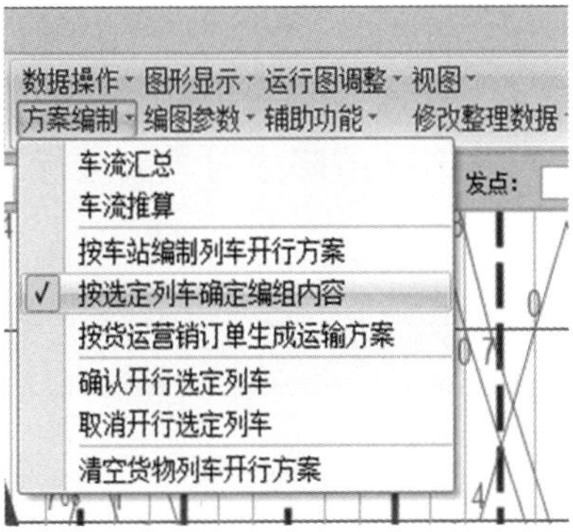

图 7.27　按选定列车确定编组内容

(2) 也可以先选定一条列车运行线，鼠标右键单击(以 10544 编组为例)，选择“选择 10544 编组内容”选项，如图 7.28 所示，弹出该列列车编组内容界面，可选择相应满足条件的车流，如图 7.29 所示。

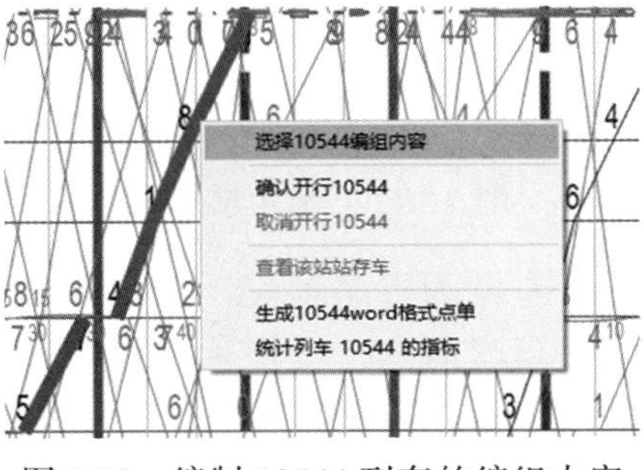

图 7.28　编制 10544 列车的编组内容

图 7.29　确定列车编组内容

(3) 界面显示有该次列车的发站、到站、可上线时间和到站时间，以及可编车流的车种、辆数、发站、到站、时间指标、运到期限、订单编号、首车号等信息，单击信息名称，可按升序或降序对车流进行排列，如图 7.30 所示(图示为按发站名称升序排列)。

图 7.30　车流信息排序

(4) 编组内容分两栏，左侧为可编车流，右侧为已编车流，单击可编车流左侧“+”按钮或双击可编车流信息，可将车流编入该次列车中；取消编组则单击已编车流左侧“–”按钮或双击已编车流，编制完成后单击“确认开行”按钮，重新编制则单击“清空编组”按钮，如图 7.31 所示。

图 7.31　列车开行方案编制

(5) 右侧栏最后一行显示已编车流的总量数，一般规定的编成辆数为 40～60，发生欠编和超编的情况时，都会弹出提示框，再次确认是否确定开行，如图 7.32 和图 7.33 所示。

图 7.32　欠编情况提示框

图 7.33　超编情况提示框

(6) 列车确认开行后会提示“列车 10544 已确认开行!”，如图 7.34 所示。单击“确定”按钮，列车运行图中的该次列车的运行线会变色，上行线变为蓝色，下行线变为黑色，其他未开行列车显示为灰色，如图 7.35 所示。

图 7.34　列车 10544 已确认开行

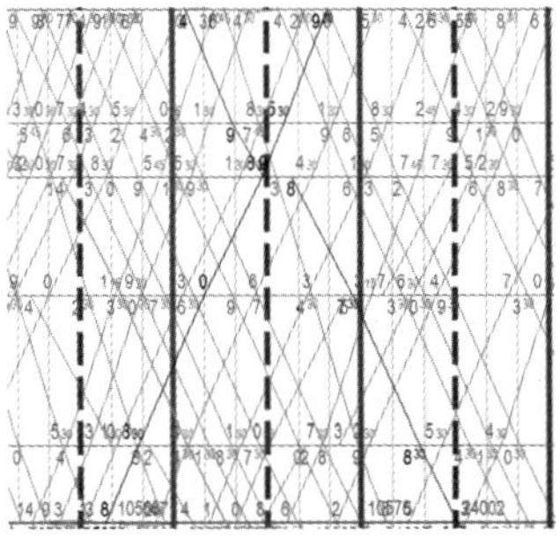

图 7.35　运行图界面(彩图见文后)

7.4.7　按货运营销订单生成运输方案

1. 功能说明

对同一去向的订单车流可组织直达列车，生成运输方案，同时可以清楚了解订单车流系统登录界面功能操作。

2. 功能操作

按货运营销订单生成运输方案功能操作如下：

(1) 单击“方案编制”模块中的“按货运营销订单生成运输方案”选项，弹出货运营销订单信息界面，如图 7.36 所示。

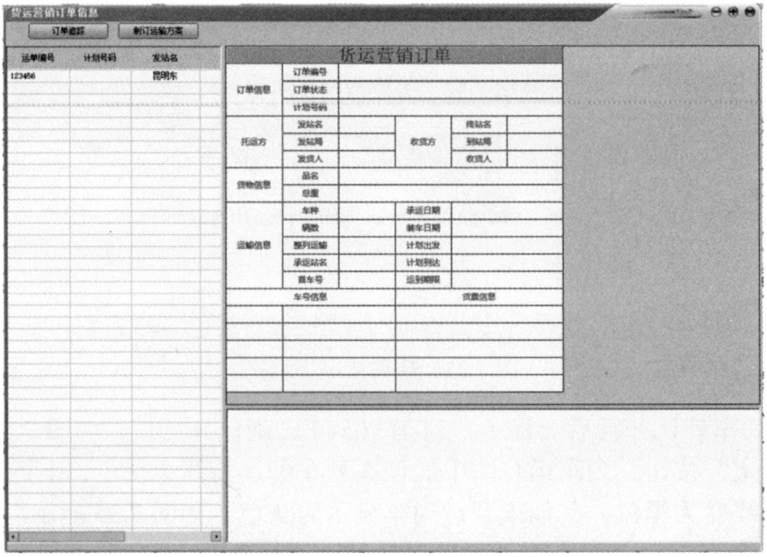

图 7.36　生成货物运输方案

(2) 单击界面左侧某一订单，界面右侧会显示此货运营销订单的订单信息、托运方、收货方、货物信息、运输信息、车号信息、货票信息等详细信息；并且在界面右下方会显示此订单具体的中转方案，包括日期、跟随车次、到站等信息，如图 7.37 所示。

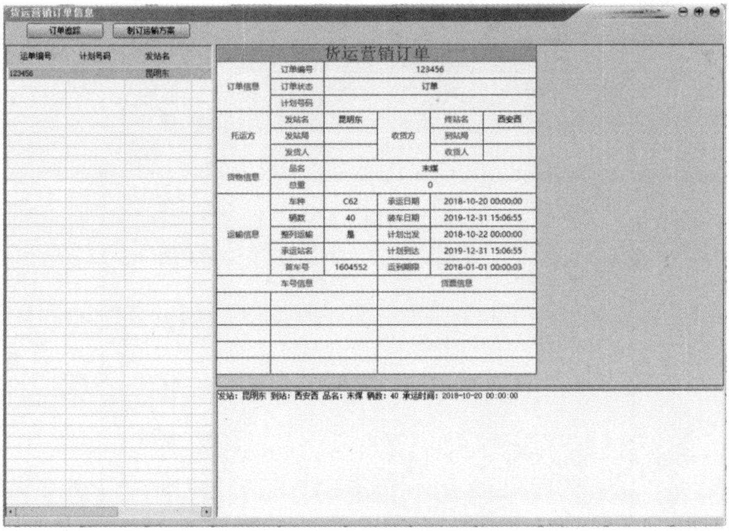

图 7.37　货运营销订单数据

(3) 选定某一订单后，单击“订单追踪”按钮，可以在地图中查看此订单货物实时定位，如图 7.38 所示。

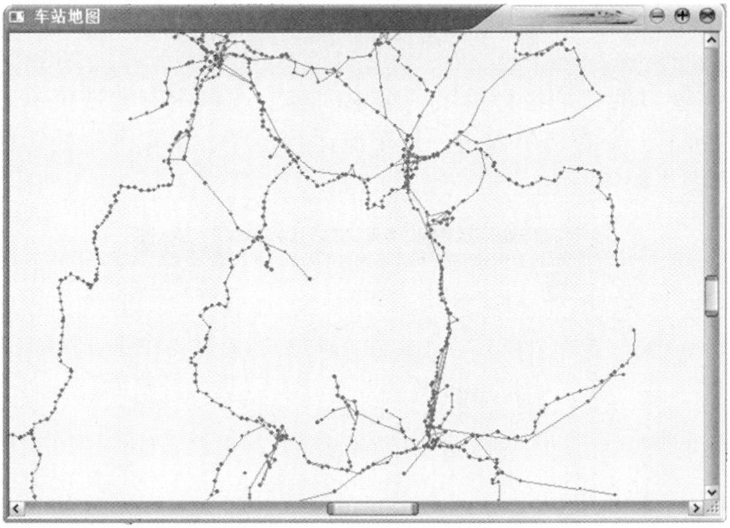

图 7.38　订单追踪

(4) 在左侧订单列表内选择要编制运输方案的订单(按住 Ctrl 键可以选择多项订单)，单击“指定运输方案”按钮，选择合适车次生成运输方案。

(5) 单击“视图”菜单中的“显示工作窗口”选项，选择“货运订单”选项中的列车，运行图会滚动至显示该列车的位置；双击该列车，则生成以该订单径路车站为图面的运行图，即全程运行图，如图 7.39 所示。

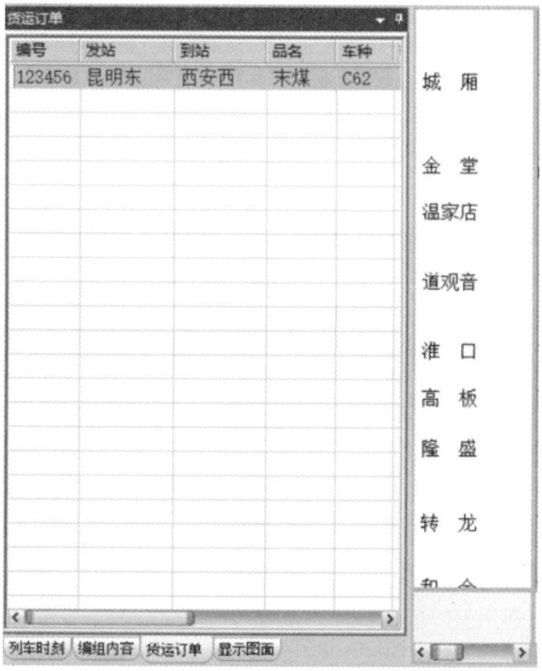

图 7.39　由订单生成全程运行图

(6) 工作窗口的“货运订单”、“编组内容”选项中有右键菜单，可以为订单开行直达列车，查看订单详情、该车流运行径路、运输方案的运行图，分别如图 7.40 和图 7.41 所示。

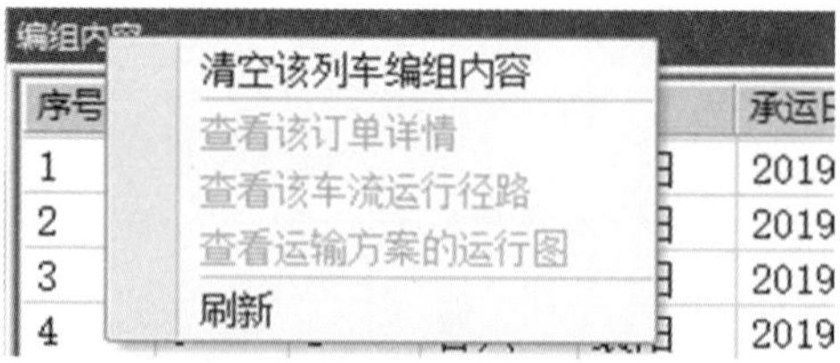

图 7.40　查看车流运行径路

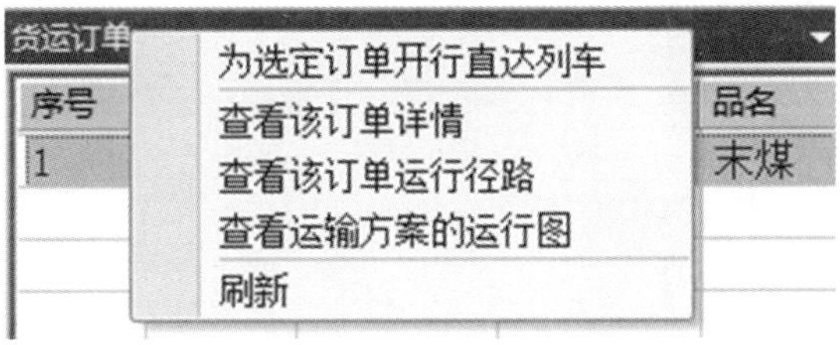

图 7.41　查看车流运输方案

7.4.8　确认/取消开行列车

1. 功能说明

列车编组完成，需要确认开行后，后续车站才能够利用车流，继续动态编制下去；若编组内容过多，或者编组内计划有变，则需要取消开行列车。

2. 功能操作

确认/取消开行列车功能操作如下：

(1) 单击“方案编制”模块中的“确认开行选定列车”选项，如图 7.42 所示。单击列车运行图中某次列车的运行线，即可开行该次列车；或者选定一条列车运行线，鼠标右键单击，选择“确认开行 10544”(这里也以 10544 列为例)，即可开行该次列车，如图 7.43 所示。

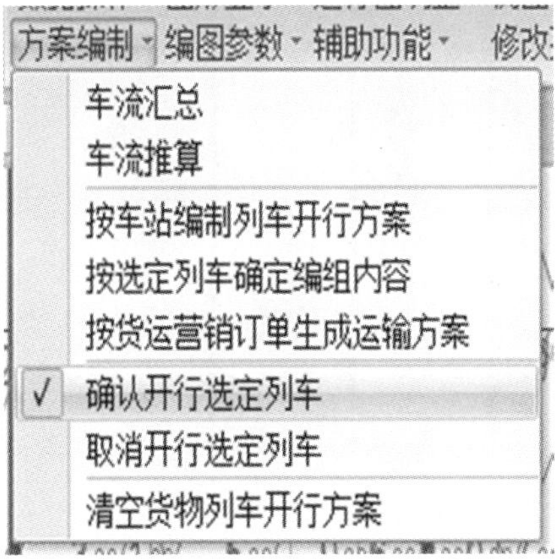

图 7.42　确认列车开行选择

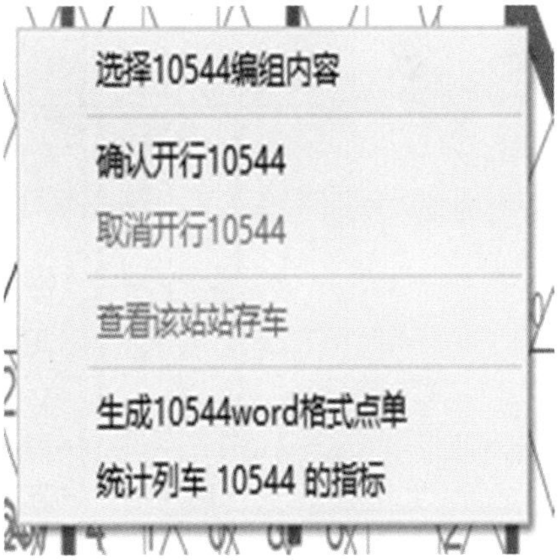

图 7.43　根据列车运行图确认列车开行

(2) 单击“方案编制”模块中的“取消开行选定列车”选项，如图 7.44 所示。单击列车运行图中某次已开行列车的运行线，即可取消开行该次列车；或者选定一条已开行列车运行线，鼠标右键单击，选择“取消开行 10544”，即可取消开行该次列车，如图 7.45 所示。

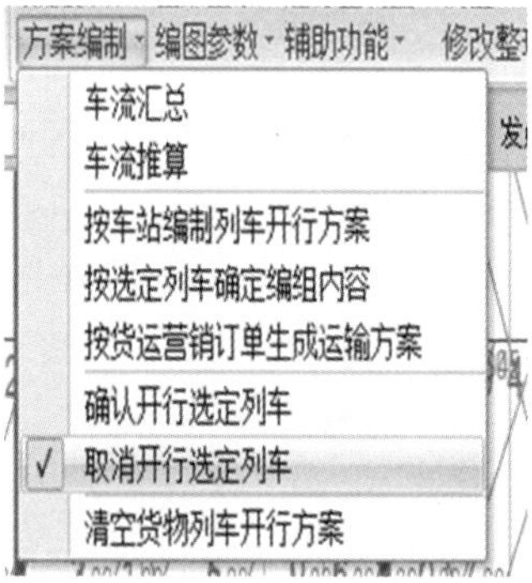

图 7.44　取消开行选定列车

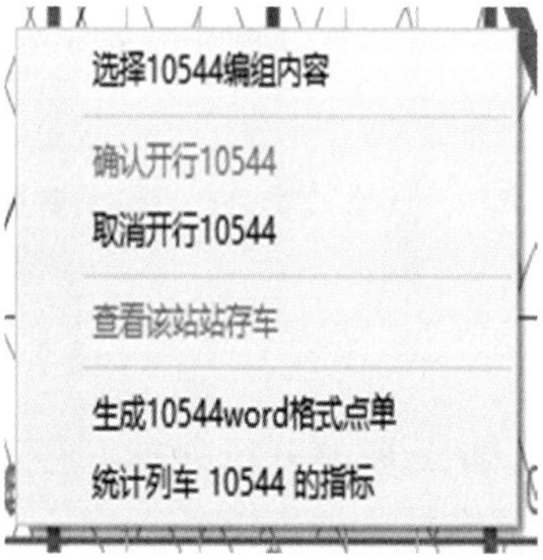

图 7.45　根据列车运行图取消开行选定列车

(3) 已开行列车的运行线会改变颜色，上行线变为蓝色，下行线变为黑色，未开行列车或者已取消开行列车运行线显示为灰色，如图 7.46 所示。

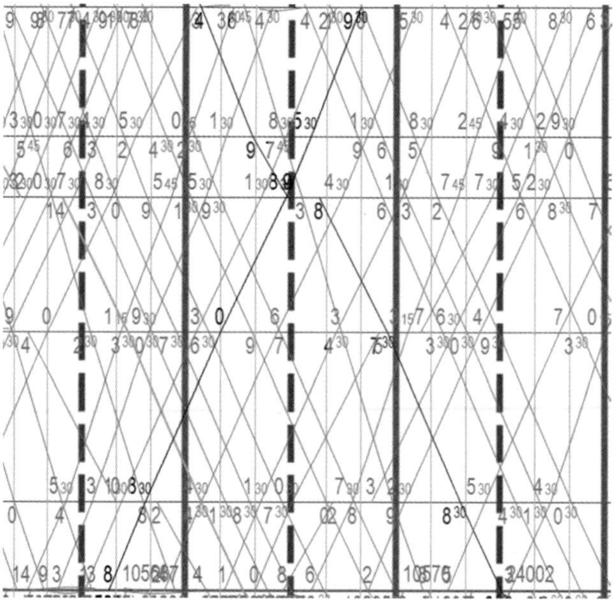

图 7.46　列车运行图界面(彩图见文后)

7.4.9　查询功能

1. 功能说明

为了方便动态计划编制人员编制计划，实时跟踪车流的动态变化，减少编制人员的工作量，本系统提供了各种信息的查询功能。

2. 功能操作

单击“方案编制”模块中的“车流推算”选项，可以查询需要时间段内枢纽内实时动态车流；选定列车运行线，可以查询该次列车的编组内容、发站、到站、出发时间、到达时间等信息；在工作信息窗口可以查询实时订单，单击订单可以查询该订单详情、运行径路以及运输方案的运行图等信息；在“查询与统计”模块中可以按照经由车站、区间统计查询列车等，如图 7.47 所示。

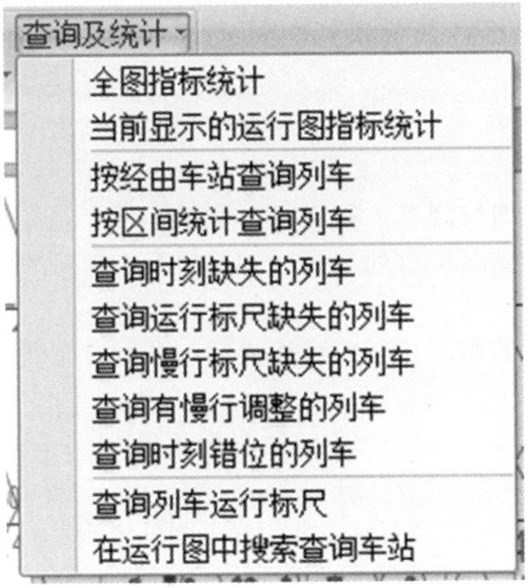

图 7.47　查询与统计功能

参 考 文 献

[1] 杨浩. 铁路运输组织学[M]. 北京: 中国铁道出版社, 2001.

[2] Ohnell S, Woxenius J. An industry analysis of express freight from a European railway perspective[J]. International Journal of Physical Distribution & Logistics Management, 2003, 33(8): 735-751.

[3] 胡思继. 列车运行图编制理论与方法[M]. 北京: 中国铁道出版社, 2013.

[4] 李云清. 铁路快捷货物运输组织研究[D]. 上海: 同济大学博士学位论文, 2008.

[5] 倪少权, 赵春雷, 庄河, 等. 计算机编制列车运行图原理与方法[M]. 成都: 西南交通大学出版社, 2017.

[6] 尹健. 中国铁路列车运行图编制管理模式研究[D]. 成都: 西南交通大学硕士学位论文, 2010.

[7] 倪少权. 中国列车运行图编制系统研究[D]. 成都: 西南交通大学博士学位论文, 2013.

[8] 杨威. 基于运到时限的铁路货物列车开行方案研究[D]. 成都: 西南交通大学硕士学位论文, 2017.

[9] 张奋强. 基于运到期限的铁路货运专线货物列车开行方案研究[D]. 成都: 西南交通大学硕士学位论文, 2017.

[10] 林柏梁, 朱松年. 路网上车流径路与列车编组计划的整体优化[J]. 铁道学报, 1996, 18(1): 1-7.

[11] 彭其渊, 王慈光. 铁路行车组织[M]. 北京: 中国铁道出版社, 2015.

[12] 王龙, 马建军, 林柏梁, 等. 铁路网重空车流径路整体优化模型[J]. 北京交通大学学报, 2014, 38(6): 12-18.

[13] 赵娟. 考虑车流组织模式的铁路车流径路优化模型研究[J]. 铁道学报, 2017, 39(7): 18-24.

[14] 余后伦. 基于每日一图的铁路货物列车运行图编制理论与方法研究[D]. 成都: 西南交通大学硕士学位论文, 2018.

[15] 许红, 马建军, 龙昭, 等. 技术站单组列车编组方案模型与计算方法的研究[J]. 铁道学报, 2006, 28(3): 12-17.

[16] 张志勇, 杨林, 马建峰, 等. CSCW 系统访问控制模型及其基于可信计算技术的实现[J]. 计算机科学, 2007, 34(9): 117-124.

[17] 张明川, 梁云朋, 吴庆涛, 等. 基于组件的分布式人机交互系统开发模型的研究[J]. 河南科技大学学报(自然科学版), 2008, 29(2): 47-50.

[18] 徐坚. C/S 与 B/S 结构的分析与比较[J]. 曲靖师范学院学报, 2005, 24(3): 67-69.

[19] 蒋亚坚, 张庆雷. 分布式运算单元的原理及其实现方法[J]. 电子技术应用, 2000, 2: 61-63.

[20] 于磊. 支持群体工作的通用集成框架技术研究[D]. 北京: 中国科学院, 2001.

[21] 张杰. 列车运行图数据管理系统的研究与设计[D]. 成都: 西南交通大学硕士学位论文, 2003.

彩　图

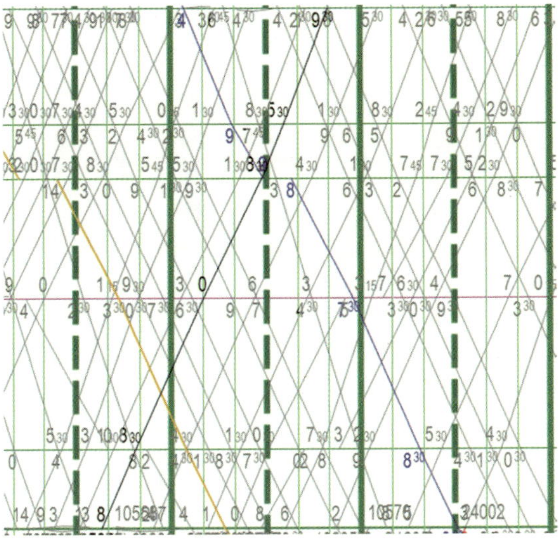

图 7.35　运行图界面

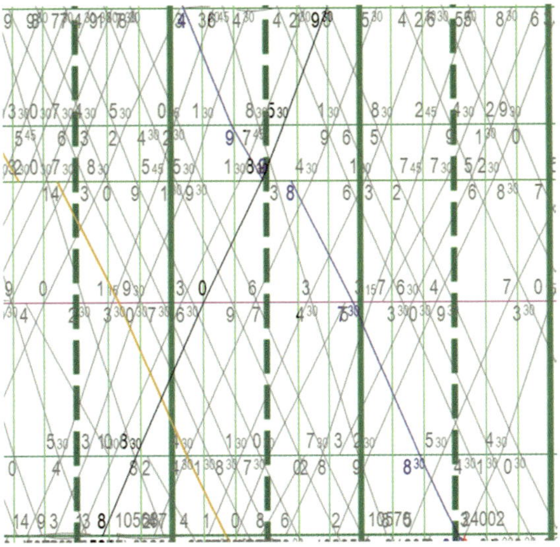

图 7.46　列车运行图界面